衡中
家长育人故事

郗会锁　张春晓◎主编

人民日报出版社
北京

图书在版编目（CIP）数据

衡中家长育人故事 / 郗会锁 张春晓主编 . -- 北京：人民日报出版社，2020.11
ISBN 978-7-5115-6665-2

Ⅰ．①衡… Ⅱ．①郗…②张… Ⅲ．①家庭教育 Ⅳ．① G78

中国版本图书馆 CIP 数据核字（2020）第 217717 号

书　　名：	衡中家长育人故事 HENGZHONG JIAZHANG YUREN GUSHI
作　　者：	郗会锁　张春晓
出 版 人：	刘华新
责任编辑：	郭晓飞
封面设计：	金　刚
出版发行：	人民日报出版社
社　　址：	北京金台西路2号
邮政编码：	100733
发行热线：	（010）65369527　　65369846　　65369509　　65369510
邮购热线：	（010）65369530　　65363527
编辑热线：	（010）65363486
网　　址：	www.peopledailypress.com
经　　销：	新华书店
印　　刷：	大厂回族自治县彩虹印刷有限公司
开　　本：	710mm×1000mm　　1/16
字　　数：	230千字
印　　张：	13.5
版　　次：	2020年11月第 1 版
印　　次：	2020年11月第 1 次印刷
书　　号：	ISBN 978-7-5115-6665-2
定　　价：	45.00元

本书编委会

主编： 郗会锁　　张春晓

编委：（按姓氏排序）

包海玉	陈志涛	房守川	李朋朋
李子楠	刘博文	刘大伟	刘士业
卢　松	牛　犇	乔春潮	孙耀东
王　伟	武瑞桓	杨文涛	闫　乐
赵保力	赵建军	周松松	

本书家长创作团队

13班周靖禽家长	211班鲁洁璠家长	816班李学苑家长	877班胡俊枭家长
28班张百岳家长	215班王懿凡家长	817班李浩晖家长	879班纪静家长
32班胡小鸿家长	416班李奕璋家长	王浩宇家长	890班王炯哲家长
33班李想家长	419班康益鸣家长	821班刘畅家长	892班田文洁家长
35班魏小轩家长	502班刘家铭家长	822班闫腾予家长	19110班阴翔宇家长
36班夏中豪家长	511班高涵家长	826班张锡霖家长	19111班靳植清家长
43班雷忠灿家长	517班马翼腾家长	828班吴迪家长	19116班孙源家长
52班秦韶阳家长	576班王晨旭家长	847班申锐达家长	19208班张心悦家长
57班刘子璇家长	761班赵雅茜家长	耿佳浩家长	19409班李玥萌家长
62班王子睿家长	767班张涵智家长	855班史若虞家长	19502班冯森垚家长
67班姜宇轩家长	王浩楠家长	857班钟林昊家长	19507班梁朝凯家长
68班胡家赫家长	774班孙笑严家长	王烁迪家长	陈泽阳家长
77班陈韬语家长	790班何逸灿家长	858班李昊阳家长	王梦溪家长
王雨菲家长	796班白天翔家长	867班白婧家长	19511班刘星岐家长
马一诺家长	814班白培鑫家长	869班王欣然家长	19516班王君昊家长
78班刘议泽家长	815班毕睿昂家长	871班张明洋家长	19517班张皓宸家长
		李可瓒家长	海航班王一家长

目 录

Chapter 1
家庭教育：父母做得好，孩子更优秀

家庭教育是源于生活的教育，是一个家庭文化传承的重要方式，也是一个家族价值取向的集中体现。我一直认为，父母就是孩子最好的老师，其社交行为、生活习惯及思维方式等对孩子的未来发展有着潜移默化的影响。因此，要做好家庭教育，最重要的就是父母要做到以身作则、身体力行，这远比跟孩子们讲空洞的大道理更有效。

——郗会锁在高一二年级学生家长大会上的讲话

亲爱的儿子，感谢有你（13班周靖翕家长）/002
我和儿子畅谈生死问题和学习态度问题（32班胡小鸿家长）/004
感悟孩子的教育与成长（33班李想家长）/010
教育就是培养有暖意的场——和青春期的孩子沟通（35班魏小轩家长）/013
为了孩子，一起长大（36班夏中豪家长）/016
"有呀有呀"书店（43班雷忠灿家长）/018
守候成长，静待花开（52班秦韶阳家长）/021
家庭教育与学校教育同样关键（57班刘子璇家长）/023
身教大于言教（62班王子睿家长）/026
心向阳光，静待花开（67班姜宇轩家长）/028
欲让孩子聪明，先做智慧家长（68班胡家赫家长）/031
我的家庭教育故事（77班陈韬语家长）/034
千"方"百"计"育儿女（77班王雨菲家长）/037

用心去爱，放手成长（211班鲁洁璠家长）/040

陪你成长，任重而道远（215班王懿凡家长）/043

送孩子一对隐形的翅膀（416班李奕璋家长）/046

做榜样父母，育优秀儿女（419班康益鸣家长）/049

适当放手，和孩子一起成长（502班刘家铭家长）/052

孩子的成长花期不同，要细心呵护、耐心等候（576班王晨旭家长）/056

做积极的父母（767班张涵智家长）/060

蓦然回首，她在丛中笑——写在女儿18岁成人之际（790班何逸灿家长）/063

随风潜入夜，润物细无声（796班白天翔家长）/070

教育和陪伴是生命中的彼此成就（815班毕睿昂家长）/072

好父母教出好孩子（816班李学苑家长）/075

相信孩子，相信自己，未来才会真正美好（817班李浩晖家长）/077

我伴你成长，你使我成功（817班王浩宇家长）/080

我与儿子共成长（847班申锐达家长）/083

教育孩子要做到四个"做"（847班耿佳浩家长）/085

家庭教育需润物无声（858班李昊阳家长）/088

家有小女在成长（867班白婧家长）/091

教育孩子，家长也是学习者（869班王欣然家长）/093

鸿雁传书，化"敌"为友（871班张明洋家长）/097

尊重生命，理解生命——宝贝儿，你是独立的（892班田文洁家长）/100

同成长，共追梦（19110班阴翔宇家长）/103

陪孩子长大的过程，也是父母自我成长的过程（19111班靳植清家长）/106

我那闪闪发光的"大月亮"（19208班张心悦家长）/109

和孩子共同成长才是最好的教育（19409班李玥萌家长）/113

人要感恩，爱要传承（19502班冯森垚家长）/115

孩子，我希望让感恩伴随你全部的成长（19507班梁朝凯家长）/117

方法对了，事半功倍（19507班陈泽阳家长）/119

养育儿女就是在书写一篇散文（19507班王梦溪家长）/122

Chapter 2
家校共育：配合越好越成功

　　苏霍姆林斯基说过，教育的效果取决于学校和家庭教育影响的一致性。如果没有这种一致性，那么学校的教学和教育过程就会像纸做的房子一样，特别容易坍塌。老师和家长是同一战壕的盟友，需要同频同振、同心同向，如果逆向而行，很可能会导致军心涣散，让孩子变成最大的受害者。

　　　　　　　　——郗会锁在2018级学生家长委员会成立大会上的讲话

用爱呵护健康成长（28班张百岳家长）/128

学习亦如工作，讲究的是方法和效率（77班马一诺家长）/131

在对话中成长（78班刘议泽家长）/134

一位衡中家长给孩子的一封信（511班高涵家长）/136

所有梦想都开花（517班马翼腾家长）/138

只愿孩心知我心，定不负父母恩（761班赵雅茜家长）/144

激发·唤醒·鼓励（767班王浩楠家长）/149

与儿共成长（774班孙笑严家长）/153

家校共育，不忘初心（814班白培鑫家长）/157

如果爱，请深爱（821班刘畅家长）/160

生活中不低头，面对困难不服输（822班闫腾予家长）/163

教育孩子的点滴感悟（826班张锡霖家长）/166

我的家庭教育感悟（828班吴迪家长）/169

衡中奥赛生家长育人故事（855班史若虞家长）/173

挖掘潜能，为成长助力（857班钟林昊家长）/175

快乐学习，健康成长（857班王烁迪家长）/178

陪伴是最长情的告白（871班李可瓒家长）/181

家有儿女在衡中（877班胡俊枭家长）/184

通往远方的路（879班纪静家长）/188

成长的快乐——儿子在衡水中学就读一年有感（890班王炯哲家长）/191

家校携手，共育花开（19116班孙源家长）/194

让我们在平凡与艰辛中成长（19511班刘星岐家长）/197

一路陪伴，追求卓越（19516班王君昊家长）/199

衡中家长育人二三事（19517班张皓宸家长）/202

簌簌流年，我用雨露惊醒你（海航班王一家长）/205

Chapter 1

家庭教育：父母做得好，孩子更优秀

家庭教育是源于生活的教育，是一个家庭文化传承的重要方式，也是一个家族价值取向的集中体现。我一直认为，父母就是孩子最好的老师，其社交行为、生活习惯及思维方式等对孩子的未来发展有着潜移默化的影响。因此，要做好家庭教育，最重要的就是父母要做到以身作则、身体力行，这远比跟孩子们讲空洞的大道理更有效。

——郗会锁在高一二年级学生家长大会上的讲话

亲爱的儿子，感谢有你

（13班周靖翕家长）

"立志宜思真品格，读书须尽苦功夫。"生儿育女，教育是永恒的话题。在我和儿子的字典里，"体谅向善、吃亏是福、坚强独立、勤奋向远"是出现频率最多的词语。儿子周靖翕生日这天，也是他在衡中求学高考倒计时175天的日子，值此良辰，感慨颇多，特记录分享。

一、成长根基词条——体谅向善，吃亏是福

孩子从出生到幼儿园，再到小学、中学，"体谅向善、吃亏是福"是小周学习生活中最重要的指引词条。记得儿子6岁时，全家一起游祖山，我累了，他毫不犹豫地挺直小腰要背着我继续往上爬。7岁时，他摔伤腰却不肯躺在床上，坚持要给我做饭。因为不确定我回家的时间，他把酱油炒饭热了四次，最后，成了小米脆嘎巴……在幼儿园，好东西肯定要分享给朋友，即使别人抢夺玩具，他也从不恼怒。到了小学，孩子们追逐打闹，他始终注意保护对方安全。放学了，妈妈还在单位加班，他进不去家就趴在门外地上写作业，写完后又从书包里拿出《苦儿流浪记》安静地读……妈妈回来后哭了，他却说没事儿，一点儿都不苦……初中，他有幸进入衡中校园。寄宿制，快节奏，面对全新的一切，在衡中老师们兢兢业业、甘于奉献精神的言传身教下，在同学们的互相支持帮助下，孩子们从最初的个性百样到其乐融融地享受紧张奋进的集体生活。小周也在这样优良的环境中坚持凡事检讨自己、尊重他人，坚持不怕吃苦、不怕吃亏，不断提升自身的综合素质，还被授予了"班级最靠谱奖"。

二、成长基础词条——坚强独立，积极向上

人生百味，对孩子们来说体会并不多。但是在小周的成长中，始终坚强独立、积极向上。小学每年参加夏令营，小周都在团队中担当"灵魂"角色，组织、带领营员们搭帐篷、找路线，完成各项任务。上了中学，他虽在千里之外，但每天那句"妈，我都挺好的"是传递给家人的最温暖的电波。紧张忙碌的课业学习，积极奋进的向上氛围，孩子们都很独立，头疼感冒的小病都是自己到医务室买药就医打针输液，小周甚至阑尾炎严重到穿孔也还硬挺着。被老师送到医院，高烧到体温计到顶不能再多显示的时候，小周还跟妈妈通电话说："妈，我没事，你别着急，慢点开车。"手术4小时，小周醒来后的第一句话是："妈，我们老师（李荣平）什么时候走的啊？她把羽绒服给我盖上了。她昨天晚上一直在。"后来又说："我们老师对我们太好了，以后我可得好好学习，再也不气她了……""我们宿管老师前天晚上带我去医务室了，昨天我们同学家长也一直在。妈，他们都太好了……"是啊，自孩子进入衡中以来，一直被老师们的大爱感动着——班级、学生宿舍、教研室，每天跑步前进在这三点一线：一天24小时，除了睡眠的几小时都在教学；一年365天，上班在工作，节假日还在工作。老师们根本照顾不上自家孩子，更谈不上照顾自己。他们把时间和精力几乎全部奉献给了班里的学生，奉献给了学校，奉献给了教育事业，深刻地诠释了什么是大爱无疆。就是这份无私的大爱，给孩子们、家长们太多的感动感恩，孩子们、家长们也在潜移默化中向身边人、向全社会传递着温情与暖意，传递着感动与厚爱。

三、成长永恒词条——勤奋向远，学而不已

君子曰：学不可以已。不登高山，不知天之高也；不临深溪，不知地之厚也。故木受绳则直，金就砺则利，君子博学而日参省乎己，则知明而行无过矣。衡水中学几代人呕心沥血，研究形成了科学完善的教学体系，累积沉淀了厚重深远的文化底蕴，能够在这样优质的环境中求学，是孩子们受益终身的幸事，也是家长们最值得感恩的机遇。小周两次住院治疗，老师们划重点、补卷子，同学们写寄语、鼓士气，荣平老师还多次利用课余时间让小周的室友们与小周视频沟通学习进度。三个星期里，小周身在病房、心在学校，将近一个考试周期的时间没参加集体学习，在四调考试中不仅没退步竟然还前进了几十名。百学须先立志，唯有志存高远、勤学奋进，才能不辜负衡中这温润厚培的土壤，才能不辜负这最后175天的衡中时光。

我和儿子畅谈
生死问题和学习态度问题

（32班胡小鸿家长）

（一）

12月13日，周五，衡中周末放假。冬日有雾气，高速公路封闭。晚上7点多，妻子才把胡小鸿接回家。

这次胡小鸿回家，我想与他谈谈心，话题想了很久，但是需要找个合适的机会。当晚，我在自己的房间休息，小子在书房写作业，不知不觉我就困了，脱衣上床。胡小鸿在妈妈的安排下，洗澡、下楼睡觉。

周六早晨大约6点多，我隐约听到开门的声音，睁眼一瞧，客厅里已经透出了书房的灯光。再无睡意。我起床、洗漱，忙碌完快8点了。我走进书房，见孩子在写作业，招呼他，"走，我们下楼吃饭去"，小子应了一声。

我正慢吞吞地吃着饭，门被推开了。看到小子，笑容立刻在我脸上荡漾开来，我向他招招手说："来，跟爸爸谈谈心。"

小子很认真地望着我，坐下来用调羹搅和着米粥，再次把目光投向我。我笑了一下，用轻松的语气说："爸爸要利用这个时间，与你探讨三方面的问题。"

（二）

"第一个问题，我想谈一谈对生命的态度。"我提到，最近有很多学生跳楼，有的孩子上初一，有的孩子才五六年级。跳楼的原因，或者是因为学习压力大，或者是因为跟爸爸妈妈争吵过，孩子一冲动就跳了楼。

我问小子："譬如，爸爸某次发了火，批评了你，发泄了一回不良情绪，甚至还扇了你几巴掌，你会不会选择跳楼呢？"

小子的鼻腔里发出了"嗯"的一声，摇摇头说："不会啊。"

"为什么不会啊,你明摆着是对的,爸爸批评你批评错了,你不觉得委屈吗?"

小子说:"这不是什么大问题啊,不值得跳楼啊。"

我欣慰地笑了,问他:"谈到人生态度,爸爸屡次对你强调一句话,你还记得吗?"

小子点点头说:"当然记得——'只要不是生死问题,一切困难都不是问题。'"

我说:"对了,人生多舛,随着成长,心灵要经历很多郁闷、纠结。但只要不是生死问题,一切都可以熬过去,一切困难都可以战胜。有时候,即便战胜不了困难,熬下去,不知不觉,困难就会被甩在身后。所以无论是现在还是将来,无论遇到怎样的艰难困苦都是人生的常态,都不能选择跳楼,都不能有极端行为。"

我第一次向孩子讲述了自己的生命历程。我说:"当年爸爸罹患乙肝,与病魔抗争了5年,硬挺了过来,竟然澳抗转阴,痊愈了。当年我的肝部是肿胀的,自卑到了极点,结果一努力,成了'华北第一撰',因祸得福,触底反弹。"

我又跟小子提到哥哥胡小鹄:"在与妈妈结婚之前,爸爸与哥哥胡小鹄的妈妈还有过一次婚姻。后来,胡小鹄的妈妈因病去世,爸爸再婚娶了你妈妈,才生了你。10多年前,为了给胡小鹄的妈妈治病,爸爸倾家荡产,欠下了外债。但是,爸爸又挺了5年,再度成家,生下了你,继续奋斗,肩负重担,买了房子,攒了钱。"

我说:"小子,你看,有时候觉得人生艰难到绝望,但是你坚持下来,相信时光的力量,不知不觉就会改变自己的境况。瞧,不抛弃,不放弃,真的是最好的人生态度。"

我继续问:"只要不是生死问题,一切困难都不是问题。可是,遇到了生死问题又该怎么样呢?难道要放弃,要选择绝路,要去跳楼吗?"

小子继续摇头。

我说:"对了,即便遇到了生死问题,也不能随便选择放弃。你看,爸爸当年得了病,还是晚期,爸爸也想到了跳楼,因为治病要花钱啊,患病是痛苦的啊,但是爸爸绝对不能跳楼,为什么呢?因为生命不只是自己的。"

我告诉儿子，我之所以坚强地挺下来，就是因为我还有俩儿子。"俩儿子将来都是要长大的，都是要成家立业的，如果在心理上背上'爸爸跳楼自杀'的阴影，岂不是爸爸对儿子作了孽？"

我说："将来，别人给俩儿子介绍对象，一打听，男方爸爸是患病死的，这很正常，因为多数老人都是患病死的。可是，别人一打听男方爸爸是跳楼死的，那就会给女方心里添堵。为了孩子，爸爸不能跳楼，哪怕疼得要死，都要坚持到最后一刻。

"可是，爸爸没有想到，至少到目前，这场大病并没有夺走爸爸的生命，反而让爸爸有了时间去写作。爸爸把大儿子送到了英国留学，把小儿子送到了衡中。你看，爸爸的生命竟然具备了如此高的价值。

"因此，哪怕你今后遇到了生死问题，也要挺下去、熬下去，不知不觉就会云开雾散，甚至还会有意想不到的收获。"

我问胡小鸿："如果将来成绩不好，被人讽刺，学习压力大，甚至遇到了想象不到的失败，你会选择放弃，会走上绝路吗？"

小子摇摇头，说不会。

我笑道："这就对了。成为一个让爸爸妈妈放心的人，不是必须取得辉煌的成就，而是做到胜不骄、败不馁，做灾难打不死的'小强'，决不能像有些孩子那样，轻易地放弃生命，留下父母悲痛欲绝。"

我再次问胡小鸿："当你遇到困难的时候，你会想到爸爸的哪句话？"

小子说："只要不是生死问题，一切困难都不是问题。"

我追问："如果遇到生死问题呢？"

小子回答："坚持下去，争取转化为小问题。"

（三）

第一个话题谈完了，笑容再次荡漾在我脸上。我对小子说："接下来，我想跟你谈第二个问题，关于学习态度的问题。"

我问他："爸爸对你说过多少次，衡水中学的学习精神是什么呢？"

小子答："刻苦到执着，勤奋到忘我，专注到无与伦比。"

我说："对了，今天，我还要给你加一句，'越努力，越幸运'。一个人的奋斗，不是看到幸运再去锲而不舍地追求，那样往往是难以成功的。努力带来的幸运,是不知不觉降临的。机会之所以留给有准备的人,是因为奋斗的人不知道机会在哪里,可是坚持下去,机会随时都会出现。这里我要谈一谈学习压力问题。经常有人讲,现在的学习压力大,孩子们貌似很苦。可是,我们把眼光放长远点,眼下的学习压力其实会在你的成长中不知不觉地转化为人生的福利。譬如,我现在可以帮你改病句,就是得益于爸爸上高中的时候改过很多病句。"

我提到自己的写作:"爸爸得病后,坚持写作已达1200篇了。有人说你觉得累了可以不写啊,可是爸爸一直在坚持。因为只有坚持下去,自己才会积累信心,把这种坚持当作一种习惯,收获精神世界的充实,同时得到物质利益的回报。因此,无论现在成绩如何,未来成绩如何,无论是现在的十几岁,还是将来的二十岁、三十岁,勤奋到忘我,专注到无与伦比,都是做成一件事、做好一件事的态度。不抛弃、不放弃,无论眼前有多大的压力都要坚持学下去。努力的价值是成为最好的自己,等你将来回忆自己青春时代的时候,内心就会觉得无怨无悔。"

小子听着我絮絮叨叨地讲述,一直在点头。从孩子的目光里,我读出了认同、赞赏,甚至还有些许的钦佩。

(四)

接下来,我对胡小鸿说:"刚才,爸爸讲了人生态度问题、学习生活态度问题。接下来,爸爸要认真讲一下,我对你眼下成绩的态度是三个字,你知道是哪三个字吗?"

小子略加思忖,说出来三个字:"不满意。"

我点点头:"猜对了,真的不满意。"

我说:"我知道,学校里、班级里高手如林,同学们都是昔日的尖子生,论天资、论阅读、论做题、论刻苦你都有差距。因为爸爸病了身体虚弱,没有陪着你学习,没有为你的学业助力。可是,你也没有呈现出积极努力的态度啊。眼下的名次比刚进校的时候落后了10名,而且,你在完成作业的态度上也有欠缺——不认真,浮皮潦草,没彻底弄明白每道题做完后该总结什么。当你遇到难题的时候,很可能就躲开了,不愿意做了,或者一知半解,为写作业而写作业。今后,遇到不理解的不要不好意思,必须去找老师讲解。在写作业的态度上，必须全神贯注，不放过任何的难点。"

我批评小子："其实，老师们已经反映你上课不认真听讲了，有时候会分神，有时候会接话，这就是学习态度的不端正。如果在课堂上不专注，那么在课下你就要拿出成倍的时间去弥补。因此，爸爸必须批评你，一定要改正自己的毛病。"

小子点点头，情绪有些低沉。我在讲述自己的人生历程时，眼泪数次溢出。我擦拭着眼泪，小子专心致志地听我讲述，眼泪也在眼眶里打转转。

我放缓了语气，对小子说："爸爸批评你，不是因为你没有进步，实际上，跟着马群跑，你也跑出了驴的速度。譬如，你的作文卷面不错，整篇没有改动，作文水平超过了爸爸的想象。虽然得分少一点，但可能是老师阅卷判分标准比较严格，实际你的写作能力是有的，成绩提高不上去不要紧。今天我郑重地表达我的不满意，是希望你正视自己的学习态度，抓住边角缝的时间，努力提高名次。"

我说："在家长群里，老师发过最后几个离开教室的学生照片，其中为什么没有你呢？很可能你把学习当成了一种任务，下课了，终于可以轻松了。记住，要把学习当作一种本能，是'我要学'，而不是'要我学'。"

我讲述了当年给他哥哥胡小鹄送棉袄的经历。我说，哥哥当时就是全神贯注于学习，在宿舍里多一分钟都不待。正是这种态度，哥哥才成为年级的尖子生。你现在就要向哥哥学习，挺下去，不知疲倦地奔跑，这才是真正的学习态度。

不知不觉，我与孩子的谈话持续了半小时。我们一边交流一边喝粥。整个过程，胡小鸿很认真地听我讲话，因为很多内容，尤其是我人生的经历，包括家里发生的变故，孩子还没有听我讲过。

（五）

吃完早餐，已经9点多了。我和胡小鸿上楼，小子到书房学习，我背起挎包，拿起水杯，与小子告别："爸爸要去办公室写作了，我们都忙着自己的事儿，都要认真地努力，因为越努力——"

小子接了下句："越幸运。"

我"嗯"了一声说:"不信等着瞧,你这样努力下去,哪怕是被别人视为最笨的人,早晚也会收获属于自己的幸运。"

这天是周六上午,我10点到单位,写自己的公众号文章。因为是周末,没有同事一起吃饭,干脆,我冲了一杯豆浆当午餐。编辑好公众号文章,已经是下午2点多,其间,我没有离开办公室。

晚上,我游泳结束回到家,见到胡小鸿再次问他:"上午爸爸跟你谈了三方面的问题,你还记得吗?"

小子快人快语地说:"第一,只要不是生死问题,一切困难都不是问题;第二,越努力越幸运,勤奋到忘我,专注到无与伦比;第三,爸爸对我的成绩不满意,叮嘱我必须努力、珍惜时间。"

我点点头,安心地吃着碗里的面。我希望跟胡小鸿的谈心能成为他成长中的一次助力,让他能够汲取耐住寂寞、战胜灾难的信念。

周日,吃完早餐后,我再次与胡小鸿告别,告诉他,爸爸仍然要到办公室去写作,希望他能记住爸爸的嘱托,珍惜眼下的美好时光。

中午12点,胡小鸿独自乘坐大巴,踏上了返校的归途。与此同时,我也开始了这篇文章的写作。

这篇文章写了两个多小时,其间,我一直念叨着一句话:"世间自有公道,付出总有回报。哪怕我们是笨鸟,也要竭力飞得更高。"

感悟孩子的教育与成长

（33班李想家长）

说到孩子的教育，每一个做父母的都有一肚子话要说，虽然家庭情况不同，教育方式也各有千秋，但目的都是希望自己的孩子能快快乐乐地健康成长。我的孩子李想一天天长大，成绩也渐趋稳定，可是我心里依然不敢有丝毫的松懈。以下是我教育孩子过程中总结的几点心得体会，和大家一起分享。

一、给孩子树立好的榜样

我们都知道，家庭教育是我们每个人的启蒙教育，为我们一生的成长奠定基础。所以，我们应当为孩子创造一个健康、科学、快乐的成长空间。夫妻之间的相互尊重，长幼之间的关爱和互敬，家庭成员之间的和睦相处，直接影响到孩子的身心发展。我们不能把工作中的烦恼和不愉快带进家里，带给孩子，更不要随意向孩子承诺做不到的事情，要培养孩子从小做一个诚实守信的人。现在的孩子比以前的孩子更加聪明、活泼，孩子在成长，我们家长也必须不断地学习成长。孩子的模仿能力很强，他们时常受周围环境的影响，模仿身边的人或事物，因此，家庭的生活环境、家长的榜样作用便是一种无声的教育。

二、培养孩子的生活能力和行为习惯

好的学习习惯的养成是非常必要的，它应该体现在生活的细节中。我们家每个人都有看书的习惯，因此，在孩子小的时候就早早开发锻炼他的识字能力，为他今后的学习打下了非常好的基础。孩子大一点后，我们开始培养孩子读书的习惯，让他每天都抽出一点时间来看书。在我们家经常可以看到这样一幅画面：一家三口各自捧着书看。而且，只要有机会，我们就从书店买各种适合他年龄特点的图书给他阅读。时间长了，孩子喜欢上了读书，养成了良好的读书习惯，对学习也起到了很大的促进作用。从孩子上学起，我就注意培养他的学习习惯——每天回家后让他先完成老师留下的作业，学新课之前让他先预习一下后面的内容。我们也及时同老师沟通，帮助孩子养成良好的学习习惯。在生活中，时时处处注意习惯的养成，如晚上睡前洗脸刷牙，等等。有时候孩子想偷懒，我们就给他讲道理，并且告诉他这样是不可以的。慢慢地，他就认可了这种行为，习惯也就自然而然地养成了。

三、学会换位思考，不给孩子太多压力

不要给孩子定太高的要求，给他一点自由发展的空间，通过观察孩子的长处和不足再施加引导。我们都做过孩子，应该知道孩子喜欢什么，再多的说教都不如用自己的行为来引导孩子的效果好。要求孩子做到的，大人自己首先要做到。孩子学习过程中也曾遇到这样那样的困难，有时候我们苦口婆心却适得其反的现象并不少见，我也曾为此苦恼过，过后细细思索，做父母的不应该只怪孩子，也应该反思反思，看看问题出在哪里，能不能换种方式让孩子更容易接受。其实，只要有心、有创意，家庭教育同样也可以富有情趣。

四、善于发现孩子的兴趣和培养孩子的潜能

为了开阔视野、培养多方面的兴趣，我们把孩子的课余时间利用上，给他报了绘画班。现在他学了几年了，很有兴趣并取得了很好的成绩。孩子喜欢手工制作，我就给他提供材料，给他尽可能多的帮助。有时候，他做成一个精彩的"作品"，会沾沾自喜地给我们看，神情中充满了自豪。看到孩子敢于动手去做并从手工制作的过程中得到了快乐，我从心里感到欣慰。此外，我们还鼓励孩子参加一些体育锻炼。我们希望孩子不光埋头学习，同时还能有自己的乐趣，是一个热爱生活的人。孩子有了一些阅读能力之后，我便开始尝试着给孩子写一些不同内容的小字条，哪怕只是三言两语。有时我把这些小字条放在孩子的铅笔盒里，有时又悄悄放在孩子的玩具箱里，甚至贴在冰箱门上、镜子上，放在枕头上，只要是孩子能看到、能找到的地方。当孩子意外地发现这些小字条的时候希望能带给他一份惊喜，也让他能真实地体会到父母对他的关注和爱。在孩子的教育中怎么做才是对的，怎么做才是最好的，我也说不好，但对孩子的教育有些方面是有共性的，有些方面又要因孩子的个性、特点而有所不同，在教育中既要顺其自然，又要循循善诱，在管与不管中寻找平衡点。

五、把孩子当作朋友，多理解、多表扬、多鼓励

"加油！""别灰心，再试一次！""你做得真棒！我为你感到高兴！"我们经常给孩子这样的鼓励，孩子也会在我们的鼓励声中快步前进。孩子需要鼓励，我们还经常鼓励孩子参加学校集体活动，等他回来后听他讲一讲参加活动时发生的事情，还会问他一些问题，如今天搞的什么活动？跟谁在一起？有没有兴趣继续参加这样的活动？参加这项活动有什么收获和体会？为什么？借此来引起孩子的兴趣、发现问题并及时排除解决。我们的每一次鼓励都是他进步的催化剂。在学习和生活的很多方面，我们都给了孩子很多的鼓励和赞赏，所以孩子是自信的，让孩子有积极的思想我认为是很有必要的。

以上是我在教育孩子的过程中的点滴体会，肯定也有很多的不足之处。在今后的日子里，我们也会边学边教，在实践中摸索，在学习中不断进步，让孩子更加健康快乐地成长，成为新世纪优秀的接班人。

教育就是培养有暖意的场
——和青春期的孩子沟通

(35班魏小轩家长)

一、教育就是培养有暖意的场——学校

我曾几次出入学校,每次去都会被无形吸引,仿佛这里的每一面墙都会说话,每一块石头都能育人,极具浓厚的文化氛围。教学楼内、走廊里、楼梯间两侧的墙壁也都是各个班级的优秀师生的照片。生活在这种环境里,不仅是对这些人和事的肯定,更能给其他的学生和老师指引前进的方向,让老师和学生时刻被这些正能量引导着、影响着。人都是环境的产物,处在这样一个环境中想不进步都难,我觉得这是对孩子们精神上最好的洗礼。

学校的超市只准卖学习用品和必需的生活用品,包括饮料在内的食品一概不准卖,学校的饭食搭配营养足够丰富。全校实行统一就寝时间管理,规定晚上10点熄灯睡觉。规律作息及良好的饮食习惯保证了孩子们的身体健康,这是一切的根本。

二、教育就是培养有暖意的场——班主任

欲枝叶茂者必深其根,孩子的班主任朋朋老师坚守育人初心,矢志引路铸魂,落实德育主导地位,挖掘学生内在动力,多次发起"同读一本书"活动,让好的文化渗入学生的心灵。正如德国教育家第斯多惠所说,教学的艺术不在于传授本领,而在于激励、唤醒和鼓舞。教育不是要改变一个人,而是要帮助一个人。

如果说学生是航行在学海中的帆,班主任就是鼓帆的风;如果说学生是行驶在书山上的车,班主任就是征途上的加油站。这是一种精神世界的坚守,一种决然的教育行走,一种彼此教育信仰的砥砺。

三、教育就是培养有暖意的场——优秀的老师

儿子没来衡中前,我觉得学校如此有名气,不过是因为所有好学生都汇聚此地，现在我颠覆了原来的想法。它优于同类学校的原因，最重要的是老师，其次才是生源质量。生源质量的差别是现实存在的，但老师们呕心沥血的奉献精神与一丝不苟的工作态度是最值得称赞的。老师们阅卷从不过夜，学生每次考试完毕，当天晚上家长一定能够看到成绩和排名。针对每次考试后学生历次考试成绩和名次变化、变化趋势等，老师们分析得非常细致，对学生的指导非常有价值，对学生的鼓励与鞭策更是起着不可估量的作用，这背后都是巨大精力的投入。

教育的最高境界是激发学生的学习欲望，从授人以鱼到授人以渔再到授人以欲，千方百计提高孩子的学习兴趣，每一个小细节都包含着背后老师们辛勤的付出，学校的"高升学率"其实是用高效率换来的。我经常对儿子说，遇到解不开的疙瘩就和老师聊聊，有过不去的坎儿就请教老师，因为他们是最能温暖孩子心田的人。

四、教育就是培养有暖意的场——家庭教育

熊孩子的背后是熊父母。我家孩子特别爱着急，一点小事就火冒三丈，特别是儿子正处在青春期这段时间。我们母子从无话不谈变得几乎无话可谈，因为我和以往一样，在原则问题上不会顺从他的要求，所以他就趋利避害，拒绝和我深聊，甚至有时候针锋相对，造成"两败俱伤"。其实孩子的缺点恰恰是大人问题的折射——孩子是一面镜子，照出了我原本的样子。不要让孩子输在起跑线上，作为父母，我们才是孩子最好的起跑线——我们个人的学识修养、道德三观、眼界品位都决定了孩子从哪儿开始跑、往哪儿跑、怎么跑。意识到自己的问题后，我开始了自我反省并立刻改正，不再喋喋不休地讲道理，真正学会了倾听。

以前孩子每次放假回家都是坐校车，但内心的想法一路上都和小伙伴们分享完了。为了第一时间了解孩子一段时间以来的思想动态，我和他爸爸决定去学校接孩子，这样利用路上的时间就了解得差不多了。我一改原来的爱说教为不断去倾听、去发现孩子的内心变化，这种理解信任式的沟通就顺畅多了。

儿子每次回家，我都要晒好被褥，那是阳光的味道；房间也要收拾得干净清爽舒适，我相信屋子整洁，内心会如沐春风。我和孩子爸爸给孩子精心准备饭菜，等他到家后一定会体会到"爱的味道"。他心情好时我把整理出来的错题让他做，必要时给他找家教。我会提前和他一起分析不会的知识点，有针对性地帮他查漏补缺，这样效果事半功倍。

我有在喜马拉雅听书的习惯，这样可以通过听书来熏陶他。另外，晚上睡觉前我会讲一些能从根本上触动他的小故事，让他学会反思自己。我经常跟孩子说各科老师给予的无私付出，孩子只有爱老师才能更好地学习各门功课。

对青春期的他给予信任、给予尊重、给予独立空间，但真的出现原则性问题我们也绝不手软和姑息，希望孩子可以明辨是非，懂得延时满足而不是即时满足……慢慢地，他悄无声息地变化了，原因主要是家长先于孩子去改变自我，孩子再从行动上去效仿！

在我心目中当一个幸福的平凡人也挺好的，但每个孩子在该学习的年龄就要全力以赴、奋发图强。人生何止是孩子的一场高考，好的父母其实一直在高考。"雄关漫道真如铁，而今迈步从头越。"我愿意永远在成长的路上，学习应该是我们为人父母终生的追求。

为了孩子，一起长大

（36班夏中豪家长）

每个家长都不缺乏对孩子的爱，但缺乏的是正确的方式，爱是需要学习的。我们作为普通的工薪阶层，和孩子一路走来，虽然没有发生过什么轰轰烈烈、感天动地的大事，但把日常该做的事做好就已经让普通变得不再普通。我在孩子的成长过程中总结出一点拙见，其中将家长需要做的教育分为以下三方面与各位家长分享。

一、陪伴

我认为陪伴是帮孩子养成良好习惯的一种方式：不是你一边看手机一边坐在孩子边上就是陪孩子了，也不是你开着电脑玩只是嘴上督促一下孩子就是管孩子了。我理解的陪伴是父母全心全意地和孩子一起互动，心无旁骛不走神，不想着工作，做到有效陪伴。作为父母，我们最值得自夸的是陪孩子养成了良好的生活、学习作息习惯。孩子放假在家，我们杜绝一切工作应酬和社交活动，做到生活有规律。白天给孩子做饭，一起聊逸闻趣事；晚上交流学习情况，探讨书本上的难题。孩子进入衡中一年半了，每次放假回家，我们总要保证有一人陪伴孩子生活、学习。夏中豪学习成绩一直很稳定，我觉得和他养成的良好习惯是分不开的。我和他妈妈约法三章：第一，夫妻有了分歧，绝不在孩子面前争论；第二，孩子若在家，绝不外出吃饭应酬；第三，孩子成绩有波动，绝不无分析先指导。

二、鼓励

善于发现孩子的优点，多表扬，多鼓励，多赏识孩子。对孩子要鼓励，但不要过度地表扬。每个孩子都是一块金子，只是他们的闪光点不同而已。俗话说得好："数落孩子千过，莫若夸子一长。"与其让孩子在没完没了的批评中纠缠做错的事，还不如适时地肯定、淡化问题，给孩子每次犯错后一次改错和补救的机会！8月，夏中豪在"暑期作业检查"中总成绩排名年级155,这对他打击很大,一度出现了消极情绪,对自己的能力产生了怀疑。我没讲大道理,也没有给他施加压力,而是陪孩子踢球、旅游,做他喜欢的事来转移他的注意力,帮他放松。等孩子情绪稍稍平稳之后,再和孩子一起分析原因,商量学习计划。经过调整,孩子连续进步,在四调考试中取得了年级第5名的成绩。

三、信任

尊重孩子,信任孩子,相信孩子能处理好自己的事情。在生活中,多给孩子尝试或锻炼的机会,让孩子学会表现、学会自理。信任孩子,他才愿意和你交流,愿意配合你的引导。考虑孩子的意见,信任孩子的能力,尊重孩子的兴趣爱好,在这个问题上,疏比堵重要。衡中在全校范围选拔"奥数兴趣班"学生,数学成绩一直很好也很有天赋的夏中豪却没能入选。我和他妈妈并没有替孩子做决定,而是第一时间和孩子有效沟通,了解他的思想动向,征求他的意见。根据孩子意愿,我们鼓励他主动去找老师沟通,用毛遂自荐的方式证明自己的实力。在数学老师的推荐下,孩子以旁听生的身份进入奥数兴趣班,并在第一次考试中取得全班第一的成绩,一时间在级部传为佳话。

衡中为孩子们提供了最好的平台,让这么多优秀的孩子有机会聚在一起学习、生活、进步。只要家长对学校的教育充满信心,加强与学校的配合和联系,全面了解孩子的思想动态和问题的根源,采用适合自己孩子的方法,陪孩子一起成长进步,就一定会培养出德才兼备的好孩子!

"有呀有呀"书店

（43班雷忠灿家长）

雷忠灿上小学的时候，正值家里搬进新居，空空的房间不知道放些什么好，就摆放了三个简易书架，每人一个。忠灿爸爸买来一些人头马空酒瓶，灌入兑水的色素摆在自己的书架上；我的书架放些淘来的小工艺品；忠灿的书架呢，不怕大家笑话，一开始我是想买些仿真书的。我和忠灿爸爸都是中专毕业，没什么高深的文化，我上初中的时候翻过一些金庸、琼瑶的书，后来想起来自己小时候喜欢看《西游记》，就买了一套《西游记》的连环画杵在那儿。当时最喜欢买的就是成套的书，因为这样比较占地方，很快就能把忠灿的小书架填满了。

第一次买书的转折是偶然入手的《林汉达中国历史故事集》，这本书刚好符合忠灿的喜好，他读得很入迷，眼睛里发出了不一样的光，茶余饭后还能给我们讲上一段。他因为这本书爱上了历史，后来因为一套《神奇校车》又爱上了科学。学校搞课外活动的时候，他成了积极分子，还有了"百科全书"的外号。甚至文学社里还有一名女同学把他作为男主角写到小说里，真让我羡慕忌妒。小学毕业的时候，他还和同学自编自演了"三国演义"小品、数学内容小品等，自信心大增，有种俯瞰众生、傲视群雄的感觉。

小升初的暑假，忠灿和几个同学一起集中学习，一起到书店自主选书。他买回来《聊斋志异》《秦史原来很好看》等一些大部头图书。当时他给其他几个同学讲《聊斋志异》里的金世成趴在地上吃屎却被老百姓尊为佛的情节，他们把这个梗叫"俯地吃屎"，以后一说这几个字大家就哈哈笑个不停。

到衡中以后，褪去刚开学时的新鲜兴奋，各方面不断受到挑战，忠灿不再像之前那么轻松开朗了。第一次开家长会，我和其他几名家长被留下来谈话。我坐在教室里美滋滋的，想着可能一会儿要分享孩子学习好的经验吧，后来一看好像留下来的都是平时挨批评比较多的孩子的家长……原来是忠灿因为内务书桌整理不佳，被评为"腌臢之星"且多次上榜，已达到回家反省的临界值，成绩也滑落得厉害。老师尖锐地指出了核心问题——成绩和日常表现都是相关的。话说衡中的老师都是火眼金睛，哪个学生状态有丁点儿的进退，都被尽收眼底。开完家长会，班里的小王老师打电话说最好来学校随堂听课一次，忠灿表现得暴躁敏感，虽被扣分仍不认错，总认为说他就是针对他。我问老师忠灿的这种表现是不是青春期的叛逆，老师说脾气暴躁的孩子可能青春期来得早一些。我想起平时他回家不太说话，总以为是孩子累了，没想到是孩子情绪出现了问题。我赶紧开展几项措施：一是和忠灿爸爸赶往学校随堂听课，观察孩子状态；二是联系心理老师，咨询有关此年龄段孩子身心发育特点和相关案例；三是"临幸"冷落很久的书架，到书店逐本购买、回家逐本阅读教育类和心理类书籍。

  接下来就是"拯救"孩子了。我和忠灿爸爸沉下心，慢慢摸索，一点点去做。第二次开家长会之前，班主任打电话通知说，女孩最好是妈妈参加，男孩尽量爸爸参加。忠灿爸爸提前几天就做准备，家长会当天夜里两点就从家出发，到学校门口才凌晨4点。会上他录下班主任讲的内容，回来逐字逐句反复听。从那以后，忠灿爸爸每次开家长会必去，每次去必录。寒暑假，忠灿爸爸每天陪儿子一起跑步，我则自我反思，反思过去只是装作"爱买书""爱看书"的样子，有时候会把工作中、生活中的情绪带给孩子，冲孩子发脾气；反思亲子关系只是停留在生活照料的物质层面上，对孩子出现的问题心里没谱，甚至毫无知觉。

  这次事件处理过程中也有一个转折式的道具，那就是桌游。从忠灿五六年级开始，我就发现几个问题：第一，他过生日，我们不知道给孩子买什么礼物；第二，孩子在家时和家人没什么家庭互动项目；第三，假期忠灿的同学来家里玩只是看电视打游戏，没什么其他项目。一次偶然机会，他接触到了桌游，从此就一发不可收拾了。桌游就是桌面上的游戏，涉及战争、贸易、文化、城市建设、历史等各方面，强调"不插电"式的"面对面"交流，通过卡片、模型等道具，根据既定的游戏规则，训练思考、记忆、联想、判断，重在挑战彼此的智力水平和分析计算能力。扑克、象棋、麻将都算是桌游。一开始玩的时候忠灿不肯认输，偶尔输给我会一晚上睡不着（我的学历从他小学三年级起就辅导不了他的作业了，输给我他觉得下不来台），第二天一大早就要再来一局。后来玩得多了，他不再计较输赢，会主动玩一些纯欢乐不动脑子俗称"嘴炮""毛线"的游戏，符合那本《游戏力》的精髓。在哈哈大笑中，孩子的负面情绪一扫而光——成长的关键时刻，身体内莫名的冲动、低落、焦躁有了一个新的释放点。今年暑假，我们一家四口甚至还去北京参加了一次亚洲最大的桌游展。全家凌晨4点就起床，坐高铁到北京，一口气玩到下午5点才坐车回家。

如今，书房里的简易书架早已不见（忠灿爸爸的假酒早清除出去了，我也有好几次看书产生"心流"的感觉了），整面墙的书柜拔地而起。忠灿添了一个弟弟以后，家里又添了一个书架，桌游也有了一个专门的架子。餐厅成了书房，书和桌游来砌墙。这个屋子成了我们家重金打造的最昂贵的部分，全家在这个屋里的时间占据了室内活动时间的大部分。有一个绘本名字叫作《有呀有呀书店》，我们的目标就是随便问"有什么什么书吗"，回答"有呀有呀"；"有什么什么游戏吗？""有呀有呀。"家里的电脑、电视也很少开了，随便哪位家庭成员都能随时和忠灿开一局各种类型的游戏，大家都显得很高知的样子。原来不善表达的忠灿每次回家都会给我一个大大的拥抱，有时会加上一句"妈妈，我爱你"。

伴随孩子的成长，未来还会有各种风浪起伏，但是我家"有呀有呀"书店带给我们的紧密情感连接会与日俱增，也将是孩子们回忆里宝贵的财富。

然后呢，像所有童话故事的结局一样，一家人过上了幸福快乐的生活。

守候成长，静待花开

（52班秦韶阳家长）

写下这个题目的时候，我忍不住笑了起来，眼前浮现出儿子的面孔——是啊，记忆中那个蹒跚学步的小子，早已经过了跟屁虫一样叽叽喳喳的年纪，成了洋溢着青春气息的中学生。每次送他返校，总是忍不住拍下他拖着行李走进学校的照片，心中三分是不舍，七分是欢喜！

多么好啊！作为母亲，我们能有机会陪伴着另一个生命成长，悉心地守护，精心地培养，只待有一天这只小鸟羽翼丰满，信心满满地告诉你"妈妈，我长大了"，然后飞翔在属于自己的碧海蓝天，走到你从未到过的远方，飞向你从未企及的高度。目送着他，你会觉得，你所有的笑与泪原来都那么值得。

仍旧记得2018年8月，当我告诉孩子已经接到了衡中录取通知书的时候，他高兴得一下子跳到了沙发上，连翻了几个跟头，兴奋之情溢于言表。我却喜忧参半，因为我比他更懂得独立面对的辛苦和住校生活的磨炼，我甚至愿意他像一只小雏鸡一样，永远躲在妈妈的翅膀底下，逃过风雨，躲过磨难。紧接着，有两个他熟悉的同学先后放弃了住校生活，选择了在附近学校走读，我明显感觉到他眼神中的犹豫，他开始一遍遍问我："衡中是全国名校，人家都是尖子生，我会不会是倒数第一？""我最好的朋友没去，我还要不要选择衡中？"我并没有急于回答他的问题，只是说了三句话："第一，你还有时间放弃；第二，不要让别人的选择干扰你前进的方向；第三，最难的不是选择，而是承担选择。"不回避，直面问题，一直都是我们之间的最佳沟通方式，我会提供足够的建议，也会分析事情的利弊，但从不会把自己的想法强加于他，更不会用我所认定的"好""坏"去左右孩子的选择。在孩子成长的过程中，聪明的妈妈更懂得自己的位置——我们是孩子生命的守护者、引领者，绝不是孩子生命的独裁者、破坏者。我们只需静静站在孩子身后,他无畏前行,你默默欢喜;他孤单无助,一转身就能投进你温暖的怀抱。这就是我们的幸福,也是孩子的幸运!

儿子刚入学的时候,因为过于活泼经常违纪,学习也一直在中下游,我也经常着急上火,看到他就忍不住训几句。偶然一次,我在朋友圈发现一个妈妈的懊悔:"刚才孩子来电话说考得不好,我不禁火冒三丈,狠狠地训了她一顿:'为什么别的孩子能考好,你总考不好?我千辛万苦把你送到衡中就为了让你拿这个成绩给我看吗?'第二天,闺女告诉我,她偷偷哭了好久。"我忽然明白是我的方式出现了问题。鲧窃帝之息壤以堙洪水,不成;禹随山浚川,终除水患。"堵"不是教育的良策,"疏"才是教育的艺术。孩子考得不好跟你沟通,难道是为了听到一顿训斥吗?此时的训斥除了发泄,难道还有别的意义吗?从此以后,我改变了策略,制定了"沟通三部曲":考前激励,共商对策;考中"遗忘",让儿子永远满怀希望去考下一科;考后"算账",每次试卷都要拿回来,一分一分说清原因。现在,儿子在老师的帮助下,在衡中这个强手如林的校园里也终于跻身"300临界生",我很欣慰,总是寻找一切机会夸赞孩子,毫不掩饰地表达对他的赞赏。我从不去强调我的要求,我更愿意把我内心的期望转化成孩子自身的目标,让他自己告诉自己一定要向这个方向努力,有什么比这样更好的呢?

有人说,孩子就像花儿,花期不同,开放的时间也不同。是啊,有的花儿入春即开,一路芬芳,始终是园中最鲜艳的一朵;有的花儿默默无闻,悄悄开放,兀自在园里徜徉;还有的孩子可能是秋中黄菊、雪中蜡梅,你走过春、走过夏,一直守到冬,他们才会慢慢吐蕊,默默含香,但这一开,可能就是"一夜春风来,万树梨花开",是一种艳惊四座的美。无论哪一种,请相信我们的孩子终会像花儿一样开放,绽放出属于自己的光芒,而我们需要做的,只是满怀希望地守候。

家庭教育与学校教育同样关键

(57班刘子璇家长)

家庭教育、学校教育和社会教育是孩子教育的三大支柱,家庭教育排在首位。能进入衡水中学学习的孩子,大部分家长都付出了很多,有的家长可以称得上是半个教育专家。

但是孩子进入衡中以后,周围都是优秀的同伴,从优秀的团队中再脱颖而出变得非常困难,一些原来的天之骄子一下子变得默默无闻,因而变得彷徨、不自信;一些仍在前面的孩子也倍感压力,焦躁、情绪不稳定,我们家长也感到无所适从。这时如果我们不能正确地建立起培养孩子的观念,就会影响孩子的心理发展方向,影响孩子对学校的正确观念,所以,作为家长应该配合学校,采用正确的家庭教育,让孩子平稳度过中学时代。

我的方法未必适合所有孩子,权且和大家交流一下,不当之处请大家指出。

一、相互尊重

1.好的关系胜过许多教育

要搞好和孩子之间的关系。父母要爱护子女,对孩子尊重、信任,尽量不板着面孔,不随意呵斥、打骂等,以平等民主、朋友式的态度与孩子相处。不管孩子表现如何,做到少批评、不指责、不抱怨,多尊重、多理解、多沟通。

与孩子沟通之前,父母必须清楚地知道自己为什么要和孩子沟通,沟通的目的究竟是什么。事实上,父母和孩子沟通,是为了促进与孩子之间的关系,在良好亲子关系的基础上去教育孩子、激励孩子,帮助孩子实现理想。从这个意义上说,建立了良好的亲子关系,教育就等于成功了一半。

2.尊重孩子,平等地同孩子讲话

倾听是沟通的前提。学会倾听，是沟通的第一步。只有倾听孩子的心里话，知道孩子想什么、关注什么和需要什么，才能有针对性地给予孩子关心和帮助，也会使之后的沟通变得更加容易。每次子璇回家，就会滔滔不绝地把学校的事给我们讲一遍，我们只评论不批评，这样孩子就愿意和我们沟通。

当孩子要与父母沟通时，要安静地看着孩子，不打断他的话，全神贯注地倾听，不左顾右盼。这等于告诉孩子你是我重视的人，我在认真地听，在关心你所说的一切。如果父母这样做了，孩子一定会对父母说出深藏在心底的话。

当孩子表现好的时候，由衷地赞扬；当孩子缺乏自信的时候，沟通就是最好的鼓励，能给孩子信心；当孩子遇到挫折和失败的时候，父母的爱就是无限的温暖。

二、要多从孩子的出发点去考虑，多看过程，并提出表扬，多多鼓励

我的大女儿是在衡水三中上的初中，上初一时成绩还行，在班里排前5名，到了初二成绩下滑，最差考过年级150多名。孩子考得不好，其实自己心里更痛苦。我没有批评她，而是和她一块儿分析试卷，看看哪些分不该丢，哪些属于不会，然后把不该丢的分数都加上，再重新排名。我告诉她还有很大的进步空间，如果会的都做对就能进前几名了，这样大大增强了她的信心，中考以优异的成绩考入了衡中实验班。衡中高手云集，她分班时在451班，是班里71号，当时情绪很不好，说一点儿自信都没有。我告诉她，咱们的进步空间比他们都大，只要每次都有进步就好，要相信自己。在这里我要特别提一句，非常感谢451班班主任王洪旺老师，在他的教育引导下，女儿的成绩不断提高，好的时候可以进入年级前100名，高二就进入了中科大少年班创新试点班。大一刚开始成绩不好，但是有了以前的经历，女儿没有自暴自弃，成绩直线上升。后来她在中科大读博，论文也在2019年美国长滩世界计算机顶级大会上发表了。女儿自豪地说，现在我的成果不输我们这一届的任何人。

现在我也用同样的方法对待二女儿子璇。

三、告诉孩子学习是场马拉松，只要不放弃就可能是最后的胜利者

孩子暂时落后不可怕，怕的是丧失自信。

我在孩子的成绩问题上从来没有批评过她，我常告诉子璇，努力就好，不要在乎结果；每个人都有自己擅长的，也许这一阶段的知识不是你擅长的。"学习是场马拉松，不要在乎一时的位置，这只是你学习路上的一小段，关键是不要掉队。你要相信自己，学习比的是毅力和耐力，你和尖子生之间并没有很大的差距，只要坚持下去，总有一天会实现超越，这一天也许是初中，也许是高中，也许是大学，也许是工作后。"

四、配合学校，相信老师

学校是集体教育，所有的制度和教学都是为了整体，对于个人总有一些不适应的地方，孩子会对此提出抱怨。作为家长，必须做好孩子的疏导，让孩子服从学校，听从老师安排。如果孩子有了逆反心理，必定会影响心情，进而影响学习。

我大女儿上高一时，有一次学校允许孩子们周日不上自习，可是他们班要求和平时一样。我女儿和宿舍的3个孩子说好一起不起床，在床上多躺了10分钟，结果在教室门口被班主任抓了迟到，被停课反省，让叫家长。冬天早上5点50分，女儿给我打电话，让我到学校。我赶到学校天还很黑，女儿见到我哇地哭了起来，觉得班主任太严厉了，说在学校待不下去了，要回家。我没有批评女儿，先顺着她说，等她情绪平复后问她："你怎么被发现去晚的？"女儿说老师天天比他们到得早、走得晚。我说："我本来还想找老师说说，可是老师足足坚持了20年，你才半年就不能坚持了，我跟老师也没法说啊。你还是写份检查，应付一下老师吧。"女儿说："老师要写2000字的检查，我写不出来。"我说："没事，我帮你写，咱俩一起写肯定能完成任务。第一，你先写一下事情的经过，承认一下错误。第二，你想想这样做对得起老师吗，想想班主任为你们付出的一切。第三，表一下决心，以后怎么做。有了主干，中间添加内容，和写作文一样。"我的话把女儿逗笑了。在写检查的过程中，我们一起回忆班主任和任课老师的付出，回忆老师们几十年如一日，早出晚归、带病坚持工作，为请假的孩子补课、为班上有病的学生自费买药，越写越觉得老师感人，觉得不听话对不起老师，从此孩子转变了对老师的看法，端正了学习态度，成绩越来越好。

总之家长要和学校配合，为孩子的成长经历赋予正向感知与信念，最终达到父母与孩子共同成长的教育目的。

身教大于言教

（62班王子睿家长）

家长是孩子的第一任老师，也是孩子的终身老师。父母对孩子的影响是巨大的，所以家长首先要善于学习，只有在不断学习践行中才能开启智慧。

身教大于言教，孩子不用管，全凭德行感。

家长要孝顺父母，有时间带孩子多回家看望爷爷奶奶、姥姥姥爷，多陪伴老人，与老人多沟通，给老人打扫卫生等。每次王子睿放假回来，我们都会带他去看爷爷奶奶，听爷爷讲自己当兵时候的故事，听奶奶唠叨家长里短等。吃饭的时候王子睿都是让爷爷奶奶先坐自己再坐，有好吃的一定让老人先吃自己再吃。家长要让孩子从小懂得孝顺老人，连根养根方能根深叶茂！

要和孩子一起学圣贤教育，与圣贤链接。中华民族文化源远流长，都是老祖宗留下的宝贝，经过了历史层层检验，皆是精华。我陪王子睿一起坚持读了7年国学经典，每天早上或者晚上坚持读20分钟左右国学，虽枯燥无味却一直坚持到他小学毕业。一件平凡的小事，坚持做就会变得不平凡。有一次国学经典班测试，赶上家里有事去不了，我就跟老师请假说他不能参加这周的测试了。等晚上忙完了家里的事，我看时间还没下课，就和孩子沟通，然后带着他急忙赶过去参加测试。也许现在孩子不完全懂经典里面的内涵，但逐渐养成自律的好习惯，以后的人生目标和大方向就不会走错。有时周日我们也会带王子睿去做义工，帮助别人。与善者为伍、智者同行，多和正能量的人在一起，学习他人的长处，自己的能量指数也会越来越高。让孩子做到学以致用，只有在做的过程中才能体悟、明白做人的道理。

要让孩子尊师重道、团结同学。尊重他人就是尊重自己，要做一个有德行的人。光学习好没有德行就没有正确的人生方向，路也会越走越窄。

从幼儿园到小学，王子睿基本没犯过什么错误，只是在小学毕业之前出现了一个小插曲。当时，为了不影响小学毕业考试，老师先不让孩子们互相写留言，说好在放假那天会留出时间的。王子睿没有听老师的话，私下找同学先写，这样一来带动了全班同学都互相写留言。老师知道后批评了王子睿，他想不通，心里有些委屈。回家后，通过我跟他的沟通，他知道了是自己不对，没有做到尊师重道。上学后王子睿主动找到老师承认了错误，向老师道歉。老师对王子睿说："我们一起走过了6年，你是一个让老师省心的孩子。"

我经常对王子睿说："光学习好不行，你一定要做个有德行、自律、尊师重道的人，厚德才能载物啊。"

家长也要教育孩子懂得珍惜，不随便浪费食物、纸张等。这方面多和孩子沟通，和孩子共同成长，继续发扬优良传统。

家长要让孩子在快乐、感恩中学习，让快乐和感恩充满心间。内心快乐了才能学会知识，领悟快；有了感恩之心，看世间一切皆是美好的。学习是艰苦的，就像爬山，一直前进，没有退路。想一想爬到山顶胜利的喜悦心情，就不会言败，就会一直努力向前！

希望孩子开心快乐，不要有太多的压力，努力了就好。家长要始终坚信，努力付出了就会有好的结果在等着你！

孩子有幸走进了衡中，更是有缘跟随卓越优秀的闫乐老师学习。62班学习成绩现在虽不是名列前茅，但孩子们成长的路还很长，我相信在班主任闫老师和科任老师的带领下孩子们会越来越好，将来必定会德行天下！

感恩老师们的付出！

心向阳光，静待花开

（67班姜宇轩家长）

儿子的名字取自成语"气宇轩昂"，寄托了我们对他的美好期许。从最初只是简单地希望他可以健康快乐地成长，到后来希望他能够拥有正确的价值观、实现自我价值，这也是与儿子共同成长过程中不断探寻而达成的一致目标。

一、敬畏生命，每个生命都值得尊重

生命或许来源于偶然，但死亡却是一种必然，如何让生命在有限的时间里绽放，活出生命的深度与宽度，是我们教给孩子的第一课。孩子的爸爸是位医生，见惯了生死，也时常感慨生命的脆弱。在孩子很小的时候我们就给他讲生命的由来、生命的神奇与脆弱。一次，儿子在医院看到孩子被确诊为白血病的妈妈伤心地搂着神色黯然、表情呆木的爸爸痛哭，这一幕如烙印一般刻入他的脑海，使他更懂得生命的珍贵。

他上小学五年级的时候，有一次我带着他和几个孩子去郊外玩，一个小女孩突然跑过来对我说："阿姨，您是怎么教育轩轩的，他怎么那么善良，像是一个从童话世界里走出来的孩子。"我好奇地问她缘由，她告诉我小伙伴们想用木棍堵蚂蚁洞、碾蚂蚁，被轩轩制止了，还告诉他们要善待每一个生命，因为每个生命都值得尊重。那一刻我很欣慰。

二、泛舟书海，明理自律，明辨是非，滋润心灵

儿子是被书香浸润大的孩子。从小时候给他讲故事，到他5岁时自己独立看书，书本不仅开拓了他的视野，开阔了他的胸襟，还涵养了他的心性，开启了他的心智，滋润了他的心灵。

糖果是孩子们喜欢的零食，但我给他讲了小金鱼因为吃糖生蛀牙而被医生拔掉牙齿的故事后，他就对糖果敬而远之——书中的知识让他学会了

自律。儿子上小学时,有一段时间他们班盛行攀比之风,比谁穿戴的牌子更有名。儿子对我说了此事,我感觉到他思想的小小波动。我问他:"你身上穿的都不是名牌,同学们有笑话你的吗?""没有啊。""那是为什么呢?""因为我学习好呗!""可他们比的是牌子,与学习好坏有什么关系吗?""因为学生的首要任务是学习,学习好的人会受到别人的尊重。""儿子,其实你已经说出了答案,与其用周身的牌子来包装自己,不如将自己打造成名牌。""嗯,妈妈,我知道了。"于是儿子依然穿着他舒适的老北京布鞋快乐地穿行着。

三、探索新鲜事物,激发内在潜能,树立远大理想

儿子从小就是一个"好奇宝宝",对新鲜的事物总是充满了好奇,在他眼里世界是如此的不同。我们鼓励他去学习、去思考、去探索、去热爱。"知之者不如好之者,好之者不如乐之者。"保护孩子的学习兴趣,我们始终坚持始于兴趣亦终于兴趣的理念,因为最后坚持下来的才是真正的兴趣所在。儿子的兴趣爱好很广泛,读书、书法、朗诵、演讲、播音、魔术、旅行、登山、打乒乓球,这些兴趣在愉悦他身心的同时也给他带来了许多国家、省、市级的奖项。但是他最喜欢的始终是物理和数学,它们给他带来了理性的力量,让他沉醉其中、无法自拔,也大大激发了他的内在潜能。小学阶段他就痴迷于量子力学,并由量子力学喜欢上了微积分,逐渐对世界有了自己的初步认知。在探索科学知识的过程中,理想也有了转变,由最初立志要成为教育学家、生物学家、心理学家转变成物理学家。

四、注重品德培养,勿以善小而不为,勿以恶小而为之

我们在别的方面对孩子的要求不是很严格,但在做人上绝不允许有瑕疵。德为立世之本,要学会先做人后做事。

儿子小时候有一回吃饺子时不小心把醋瓶打翻了,醋溅了一墙,他吓得跑进房间并锁上了门。拍开门后,我毫不留情地教训了他一顿,并告诉他做错事情不要紧,要积极寻求解决问题的办法而不是逃避,要做一个有担当的人。

五、培养"双商",提高解决问题的能力

一个优秀的人,不仅要具备高智商,还要具备高情商,二者缺一不可。人最终要走向社会,良好的人际关系对事业的发展有很大的帮助。

衡中故事

  一次儿子提出要到外面小摊上吃牛肉板面，因为不放心里面的油我便拒绝了。儿子苦苦哀求，我让他说出三个能说服我的理由，幼小的他不肯，哭了起来。我乐呵呵地看着他告诉他哭不能解决任何问题，要尝试沟通，因为语言是最好的工具。如愿吃到牛肉板面的儿子懂得了沟通的重要性，在此后的学习生活中沟通成了儿子与人交往的一大"独门秘籍"。

  教育是一个心向阳光、静待花开的过程，是花朵自身努力绽放的过程，我们要做的就是慢慢引导、静静欣赏，种下希望的种子。我们希望他成为眼里有光、心中有爱、胸中有梦想的人，做一个灵魂有深度、有温度、有趣味的人。

欲让孩子聪明，先做智慧家长

（68班胡家赫家长）

对孩子的教育我也是在摸索中前进，一边汲取前辈们、周围成功家长们成功的经验，一边结合自己孩子的特点开展教育。光阴似箭，日月如梭，一转眼儿子上初中了，在过去的13年里，我们陪着孩子一天天成长，有成功和喜悦，也有失败和艰辛。儿子让我深深地体会到生活的丰富多彩、幸福快乐。我儿子是一个慢性子，但做什么事却是很认真的，从小到大也是令我们为人父母深感骄傲和自豪的孩子。回想这么多年来对儿子的教育，我主要有以下几方面的心得。

一、养成良好的生活和学习习惯

良好的习惯是人生的资本，这个资本不断增值，而人终其一生都在享受着它的利息，习惯的重要性可见一斑。而一种行为要固化成一种习惯需要时间。孩子小，自制力、持久力差，这就需要大人的指导和监督。首先，我们要求他每天放学必须先做完作业再做别的事，做作业的时候不吃东西、不喝水。经过一个月的训练，哪怕是周五，他也绝对不会把作业留到周六、周日做，假期的作业也是尽量往前赶。只要养成好的学习习惯，我们做家长的也就轻松多了。在习惯养成的过程中，我们做家长的先要费劲多盯、多说，以后就不用这么操心了，简直就是一劳永逸，我们何乐而不为呢？还有，他的吃饭习惯也不好，吃得很慢，早上起床穿衣服的动作也慢，不能按时起床，我和他爸爸特别头疼。为此，我们下了狠心给他报了武术班。学武术是一件又苦又累的活儿，每天早5点起床，7点训练结束。结束训练还要赶紧回家吃饭、换衣服，7点30分准时去上学，这就要求每一步都要快、快、快，否则就要迟到。就这样儿子一坚持就是4年，直到今年来衡中上学。数九寒天，天长日久，从未间断。这几年练就了孩子坚强的毅力，在这个过程中他也想打退堂鼓，因为天天都需早起。夏天还好，冬天实在是不情愿，别说孩子，就是大人也不愿意那么早起来。在教练和家长的支持和鼓励下，儿子没有退缩，风雨无阻。儿子很棒，入学衡中到现在从没说过苦和累，应该和这段生活习惯息息相关吧！

二、用示弱的态度和孩子交流

儿子上幼儿园时刚学会拼音，字、词读起来很费劲，但我故意在一边如释重负地说："太好了，儿子，以后你就能每天给妈妈读故事了，我都没有故事讲了。"就这样一直鼓励着，儿子的使命感油然而生，以后每天晚上睡觉前给我读故事就成了儿子的必修课。我惊喜地发现儿子的阅读水平与日俱增，我窃喜，儿子也爱上了阅读。到后来我要求儿子给我读书时，他都会自豪地说："妈妈，如果我不给你讲故事，你是不是就睡不着觉？"我赶紧附和说："还真是的，儿子太厉害了。"他稍大一点儿，上小学四五年级，渐渐长成小男子汉了，我们家往楼上拿什么东西我都会跟儿子撒娇说："哎呀！儿子，东西太多太重了，我拿不动。"这时儿子二话不说，拎起东西就往楼上冲。从此，我们家的搬运工就是儿子了，他也乐得做一个小小"顶梁柱"，即使是东西太多拿不了，他也会拿重的给我留轻的、好拿的。我希望儿子有担当，并且他也一直在这条路上走着。

三、用欣赏和表扬的眼光去看孩子

我的体会是如果你用欣赏的、赞许的目光看孩子，孩子真的会变得如你想的一样。儿子上小学一年级的时候，学校要举办诗词大赛，考试范围是学校规定的40首古诗。第二天就要考试了，可儿子基本还不会背，他急得大哭，我也急，但不能让孩子看出来，我轻轻地对儿子说："儿子，咱们都不着急，妈妈陪着你一起背，你这么聪明，肯定能行的。"他擦干眼泪，一句一句地开始背，背过一首我就夸夸他。渐渐地，他通过的速度越来越快，一首诗读上几遍就能背诵了，这时我会用更加夸张的语言来表扬儿子。最终儿子顺利通过考试，并取得第一名的好成绩。从此，儿子更相信我对他的肯定及评价。给孩子一个目标并帮助、鼓励他去完成是做父母的职责。儿子上六年级，面临更大的挑战就是升学、择校了，我们也不例外。我们一起讨论选择一所理想的学校——当然就是我们的大衡中了，为此我们也是不断刷题，怕不适应录取考试题目。每当他做出一道没有做过的题时，我都发自内心地表扬他，夸他有创新能力、举一反三能力、聪明灵活，就这样我们顺利地通过了考试。接到通知的那天，儿子欣喜若狂地抱着我说："妈妈，谢谢你一直让我觉得我能行。"儿子，妈妈一直相信你。有句话叫"好孩子是夸出来的"，说的就是这个道理。

孩子们以后的路还很长，希望我们的孩子在提高学习水平的同时也提高综合素质，社会需要全面发展的综合性人才，只有做到既博又专，才能在社会竞争中脱颖而出。我们也会陪着孩子一起成长，做智慧的家长。

我的家庭教育故事

(77班陈韬语家长)

孩子是父母生命的延续,也是父母的希望之所在。父母是孩子的第一位老师,也是孩子做人的楷模。如果说学校教育是左手,那么家庭教育就是右手,只有左右手一起,才能托起孩子的教育;如果说孩子是雏鹰的身躯,那么学校教育培育了孩子的一只翅膀,家庭教育则培育了另一只翅膀,这样孩子才能飞起来。

一、从准备洗脚水谈起

做父母的不要溺爱自己的孩子,因为那样会害了孩子,让他没有生存的能力。但是,在现实生活中,很多时候父母对自己孩子的溺爱是不由自主的。我为了让孩子节约时间早点睡觉,经常在孩子洗脸的时候就帮他把洗脚水放好。直到有一天,他洗完脸后下意识地问正做家务的我洗脚水放好没有,就在那一刻我才猛然醒悟,孩子已经把我给他放洗脚水当成我理所应当做的了,于是我放下手中的活,耐心地对他说这些事情是他自己应该做的,之前我之所以去做仅仅是为了帮他而已,此后不再帮他,自己的事情要自己做。慢慢地,他的动手能力增强了。

二、学会尊重他人

尊重别人,是人与人之间相处的一个法宝,也是人的一种美德。现在的孩子大都是独生子,在家里被全家宠着,衣来伸手饭来张口,他们不知道怎么去尊重他人,一切以自我为中心。在日常生活中我抓住一切机会引导他,首先在态度上尊重别人,比如,老师讲课时要注意认真听讲,别人发言和谈话时要注意倾听。让他知道在课堂上认真听老师讲课就是对老师最大的尊重,要学会认真听别人讲话,中途不打断别人。其次教育孩子要从生活细节上尊重别人,站着和别人交谈时不要做一些小动作,要落落大方;与老师、长辈交谈时,勿跷二郎腿。类似上述的这些行为要养成习惯,需要从小训练。毕竟孩子涉世不深，心智尚不成熟，要靠我们家长时常提醒引导。

三、对孩子多一些鼓励少一些批评

儿子小时候很贪玩，自控能力也较弱，有时也许是不自觉的，但时间长了就会自然而然地形成习惯。如果一直这样的话，可就难改了。作为家长，我自然开始着急，总想着一步把孩子教育成符合自己心中标准的样子，从而忽视了孩子也是一个有思想的人，是人就不可能没有一点缺点，什么事情都要循序渐进。俗话说得好，欲速则不达，要慢慢来。于是我便静下心，和孩子勤沟通，有进步多鼓励。比如，他能按时保质保量完成作业，养成良好的学习习惯，我就会赞扬他："孩子，你真棒！"他遵守纪律，我就会赞扬他是一个好公民。他在公交车上给老人让座，我就会赞扬他是一个有爱心的好孩子。慢慢地，我发现在我和他爸爸不在家时，他懂得了如何照料自己，还能独立做不少事，更重要的是做事比以前有信心了。

四、引导孩子的学习兴趣

学习是一件艰苦的事，同时也是一件有趣的事。我有时会听他说"这么难，我学不会，我不参加，我做不好"等消极的语言，为此我们给他讲了很多名人成长的故事。同时在学习过程中，我们尽量把学习内容应用到生活和游戏中，让他感到了很多的乐趣。他的每一个小小的进步，我们都会表扬他："表现不错！""很有进步！""这个主意太好了！""想象力真棒！""你可以当爸爸妈妈的老师了！"等等。做得不够好的，我会鼓励他说："相信下次你会做得更好。"我们尊重和引导孩子的兴趣，不断鼓励孩子。孩子有了兴趣，有了信心，学什么都会变得容易。

五、积极配合学校，培养孩子良好的学习习惯和生活习惯

按照学校的有关要求，配合学校的安排，同步抓好孩子德、智、体等方面的教育。

孩子在学校的表现，哪些方面做得好、哪些方面做得不好都要了解。要严格监督孩子完成作业并仔细检查完成情况，帮助他查漏补缺，不懂的给他讲解，出错的让他改正。与孩子一起分享老师的表扬，告诉他要再接再厉；与孩子一起分析表现不好的地方，告诉他为什么那样做不好，以后该怎么做。

六、分数不是衡量孩子的唯一标准

能否正确对待孩子成长中的挫折和失败，也是衡量父母自身教育素质高低的一个尺度。作为家长一定要明白，当孩子遇到失败的时候，他们更需要的是父母的关心和帮助。分数不是衡量孩子的唯一标准，而是要从分数中了解孩子对知识的掌握程度，分析不足之处，鼓励他及时查漏补缺，这样孩子的学习才能进步。

孩子一天一天地长大，开始有自己的思想和主见了，家长在教育孩子的同时更要理解孩子、尊重孩子，以一颗平常心去对待他们，让他们茁壮成长，成为一个有作为的好公民。

每个孩子不是一生下来就绝对聪明也不是天生就愚笨，孩子的成才很大程度上要依靠我们的家长和学校多创造良好的生活学习环境，多留意孩子的一举一动，最最重要的是多花费心血。我们应从孩子对家长的期望中去悟出其中的道理，不断提高自身素质，校正自己的角色行为，做孩子心目中的好家长，做合格的好父母。作为孩子，在他们的成长过程中需要的很简单，那就是了解、信任、宽容、赏识！

千"方"百"计"育儿女

(77班王雨菲家长)

教育孩子,首先应该做一个有教养的家长。在家里要孝顺长辈,让孩子知道敬老爱老是中华民族的传统美德;在社会上要遵守公共道德,养成勤俭节约的好习惯。教育孩子不要跟同学去攀比,要让孩子有羞耻感,同时要知错必改,养成团结协作的好习惯,在社会上乐于助人。

教育孩子,就应该做一个有进取心的家长。要教育孩子"勤"字当先,从力所能及的事情做起,不断进步;要教育孩子用正确的心态面对失败和挫折,不要逃避责任,要鼓励孩子大胆创新,勇于探索;要培养孩子的自信心,遇事不人云亦云,而是拿出自己解决问题的办法。

教育孩子,就应该创造一个良好的家庭氛围。要建立平等互助的人际关系,不要动不动就以家长自居、发号施令。发现孩子的长处要及时表扬,相反,发现行为规范出现偏差要及时批评。要杜绝言行不一的事情,如自己叫人到家里打麻将,却让孩子关起门来写作业,效果怎么会好呢?

我们在教育王雨菲的过程中想了很多办法,甚至用了很多"小花招",下面和大家分享几个小故事。

一、和爷爷奶奶一起过年

每逢腊月二十九、三十,我和王雨菲的妈妈都会带着她一起到爷爷奶奶家过年。我们一起贴春联,一起擦玻璃,一起准备年夜饭、包饺子。贴春联时,爷爷和奶奶准备好春联,我和妈妈负责贴,王雨菲就在下面给我们准备胶带;擦玻璃时,我和姑姑、她大姐负责擦玻璃,王雨菲负责给我们洗抹布;包饺子时,大人们准备馅料、面、包饺子,王雨菲负责擀皮,有的时候弄得脸上全是面粉,大家都笑得前仰后合。在这样和谐的氛围中,王雨菲学会了孝敬长辈,学会了和大家一起合作做事,也学会了倾听别人的意见,做事也有了耐心。

现在每次王雨菲放假回来都会去看爷爷奶奶。

二、大姐做表率，快乐立目标

王雨菲是听着姐姐的励志故事长大的。王雨菲3岁的时候，大姐考上了衡水中学。每次大姐放假回来，王雨菲都会围着大姐寸步不离，听大姐讲衡水中学的苦与乐、奋斗与收获，讲早晨出操时的整齐步伐，讲上课自习时零低头的自律，讲晚修课时做出一道难题的兴奋，讲高考誓师时励志的老师演讲。每次听到这些，王雨菲的眼睛里都带着懵懂的憧憬和渴望。后来大姐考上了自己理想的985大学，我们就经常用大姐来鼓励她，让她以后也要像大姐一样考上985、211大学，甚至要考清华和北大。胸中有目标，前途才锦绣。

三、故事爸爸养成记

为了提高王雨菲以后学习文科的能力，在她很小的时候，我们就做了很多努力，比如每天晚上讲一个小故事，包括《猪八戒吃西瓜》《格林童话》《绿野仙踪》等。有时候我们也让她根据看图说话来复述一些故事。在讲故事和听故事的过程中，她也懂得了一些道理，同时也提高了语言表达能力，为今后的语文写作打下了良好的基础。到现在大姐和她还在叫我"故事爸爸"呢。

四、父母陪伴一起玩多米诺骨牌

王雨菲看起来文文静静，但却是个急性子。我们就想了一个办法，给她买了一套多米诺骨牌。我们陪她在客厅里摆放，有时候摆了半小时，一个小疏忽碰倒了一块，前功尽弃；好不容易又快摆好了，又碰倒了。这时候我们就会让她有耐心一些，和她一起重来。每当我们一起把多米诺骨牌完全摆好时，就会用手机录下来；每当多米诺骨牌花式不小心倒下时，我们就会拍着手笑。每次游戏结束，我们都会让王雨菲把多米诺骨牌收起来放回指定的位置。在这个过程中，王雨菲学会了做事耐心、有条理。我们也希望王雨菲以后在学习上做一个有耐心、有条理的"急性子"。

五、父母一起陪伴阅读学习

每次王雨菲做作业，我们都在她旁边写教案备课（我们也是教师），营造一种学习氛围，在她遇到问题时我们帮助解答讲解。王雨菲喜欢数学、英语，小学时每次做家庭作业都把语文留到最后再完成。为了提高她的写作能力和阅读理解能力，我们利用寒暑假和周末陪她阅读课外读物及名著等，逐渐培养了她阅读的习惯。

六、"文理搭配，干活不累"的"小花招"

王雨菲喜理不喜文。去年暑假，我们想了一个办法，让她每天背一首诗、读二十页名著，然后由爸爸陪着做一道数学题或者是画一个数学趣味图案。整个暑假她背了四五十首诗，看了三本名著，度过了一个快乐充实的暑假。

就这样，在我们或明或暗、或有意或无意的潜移默化教育中，王雨菲长大了，快乐地长成了她希望长成的样子。

我们希望王雨菲以后能够成长为一个孝顺、正直、讲诚信、有目标、有耐心的人，能够成长为一个对社会有用的人，对家庭有责任心的人。

王雨菲的教育之路才刚刚起步，现在她拥有了衡水中学这样一个特别好的平台，碰到了以杜老师为班主任的这样优秀的教师团队，他们像父母一样披星戴月、呕心沥血为学生付出。王雨菲还有她那些优秀的同学们同行，今后一定会成才，一定会为衡水中学进一步腾飞贡献自己的力量，成为对社会有用的人。

用心去爱，放手成长

（211班鲁洁璠家长）

孩子是祖国的未来，也承载着家庭的梦想。现在家庭中孩子都比较少，孩子一般都是在众星捧月中成长起来的，尤其隔代老人帮忙带孩子，容易宠溺孩子，让孩子形成"老虎屁股"碰不得的性格，这样容易使孩子智商高而情商低，走向社会时四处碰壁，各种不适应，甚至自暴自弃，走上歧路。

在儿子的成长过程中，我一直认可这句话："孩子不是你的私有财产，是社会的人，要用心去爱，放手成长。"在日常的教育中，我比较重视孩子的情商和逆商教育，这得益于2005年无意中听到的余世维教授《管理者情商》这门课程。在此我与大家分享一下儿子成长中的经历与心得。

一、教会选择，尊重选择，克制欲望

从儿子懂事起，我们便和他有一个约定：玩具或零食每次只允许买一个，并且不能太贵。比如，进超市，儿子既要玩具小汽车又要零食，逛的时候我们允许他往购物车里放自己想要的所有东西，但是到结账的时候只给他结一样的账。这时候让他选择一个最喜欢的留在购物车里，其他的会让他放回原位或交给理货员阿姨。刚开始他会哭会闹，甚至撒泼打滚，但我们坚持"只买一个"的原则不屈服。

到他幼儿园大班的时候，学加法了，我们带他进超市就给他10元钱的权限，让他可以选择自己喜欢的玩具和零食，每次都是他自己拿着10元钱单独结账。他学会了自己把喜欢的东西价格加起来与10元钱比较，只有小于10元他才会去结账。每次结账看到收银员阿姨赞许的目光，他都很自豪。

老人们埋怨我对孩子"苛刻"，但我坚持认为这是在培养孩子的良好习惯。人的欲望总是无止境的，不可能全部得到满足，所以人必须学会选择，克制欲望。

二、学会担当，既然做出选择就要承担后果

儿子刚上初一的国庆假期，本来我们安排好了2日到4日去外地旅游，所以国庆当天想让他多写一些作业，好为外出旅游留出时间来，结果他只顾玩电脑，对我们的屡次提醒表现得很不耐烦，所以我提出警告："你可以选择继续玩游戏，但是你不能去旅游了，要不你就必须完成2日的作业进程。二选一。"他对此仍置之不理。2日早上我们把他叫醒，说我们要去旅游了，不带他了，让他自己去姥姥家吃饭。他仍不相信我们会真的把他自己留在家里，倒头就睡。我硬下心肠，启动汽车驶向目的地，在路上心里一直在问自己这样是不是对孩子太"苛刻"了，但是另一个声音告诉自己必须让他为个人的选择付出代价。没有了他的旅游行程也缩短了，并且心情很不爽，但是通过这件事让儿子明白一个道理：既然选择了，就要对选择产生的结果负责。

三、树立明确目标并为目标奋斗

人必须要有个目标，才会有前进的动力。儿子一上初中就确定了一个目标——考上衡中，他的口号也从"崇德尚文"到"追求卓越"。为了这个目标，他一直在努力学习，偶尔贪玩可一听到这句话就会有所收敛。他在初二时体育成绩还不太好，为了成绩变好这个目标，每天晚上去休闲广场锻炼，从来不喊辛苦。其间有几天下着小雪，他也没有停止过。腊月二十九晚上，我陪他到休闲广场练习。看到周围万家灯火、喜气洋洋，沉浸在过年的气氛之中，孩子却在默默地咬着牙一组组按照老师要求练习跑跳动作，我的鼻子也有点儿发酸。有志者，事竟成，中考体育考试他如愿拿到了满分，通过这件事他也明白了树立目标的重要性。

四、注重逆商培养，做好情绪管理

儿子在小学时比较听话，随着年龄的增长、自我意识的增强，也进入了挑战老师、挑战规则的青春期。记得他刚上初一不久，下课时间不再像小学那么松散，老师要求提前两分钟坐到座位上做上课准备。一天上午是英语课，眼看快上课了，他还不紧不慢地在楼道里走，英语老师就让他走快一点儿，他认为还没到上课时间，就没按老师的要求去做。老师很生气，批评他，他气得把书摔在书桌上，因此被罚站并且要求回家后让家长打电

话给老师。他回家后压根儿就没提这件事。下午上课时老师问他跟家长说了没有,他说没说,老师说晚上回家一定要跟家长说,否则就停课。他害怕了,回家吃饭时有点不自然但也没说,写完作业才支支吾吾地对我们说了这件事。我一看表已经10点多了,这么晚了再给老师打电话也不方便了,于是让他好好写一篇检查,明天主动交给老师,然后我再给老师打电话。他一听就炸了,说自己又没有错,上课又没有迟到,老师为什么说他?说学校这个破规定就不合理。我们耐心地教育他,说这个纪律为什么这样制定,是为了让你更好地听课。老师是出于爱你的初心才会批评你,是想让你学好。一开始他不认可,并以不再去上学威胁我们。通过近两个半小时的耐心开导,他终于低头了,认识到自己的态度有问题,写了一份检查。处理完这件事情已近午夜1点,但我认为这很值得。孩子在成长路上必须要学会管理自己的情绪,适应环境,而不是随性而为,拒绝改变,挑战规则。

第二天,我和老师通过电话沟通,得知他已经递交了检查,这才放下心。通过这件事,他对英语老师非常敬畏,成绩提高了不少,并且再也不跟老师们耍"小脾气"了,对他控制情绪也起了很大的帮助。

以上是儿子成长中的一些小事,但是通过这些小事,我觉得对他性格的养成起到了很好的推动作用。希望我的儿子能如我所愿成长为一个光明磊落、顶天立地、性格阳光的男子汉,一个对社会有用的人。

陪你成长，任重而道远

（215班王懿凡家长）

时光荏苒，转眼间，儿子在衡中已经四个月了。

在孩子还没有成为一名衡中学子之前，这所享誉全国的名校在我和孩子心里是神秘的、庄严的，甚至每次路过学校附近，看到"衡水中学"那几个字都有一种敬畏的感觉。那时就想，自己的孩子如果有幸能在这里学习三年，在求学生涯中该是多么有价值的一个阶段。

也许是目标产生动力，儿子终于在今年成了一名衡中人。

四个月过去了，儿子在学校兴奋过、迷茫过，有取得成绩的欢喜，也有失败后的不知所措。作为家长，我也深深地体会到，陪伴孩子成长的过程任重而道远。

一、教育孩子学会独立

在来衡中之前，儿子一直走读，从没离开过家。开学把他送到学校之后，我是一步三回头离开的，怕他生活不能自理，不适应集体生活。果然，开始他的节奏是慌乱的，晚上睡不好，内务整理得不理想，吃饭吃不下，甚至因为想家上课走神。在他放假回家的时候，我让他看了一篇文章，内容是一个大学生在毕业之后仍然对自己的生活不能自理，最后一直失业在家。我告诉他要赶紧融入集体生活，学会和其他同学相处，学会控制自己的情绪，有些路终究要一个人走。他若有所思地说回去之后一定改变状态，尽快管理好自己的学习和生活。再次返校后，他打给家里的电话少了，即使打电话情绪也平稳了许多，甚至再次放假的时候，他一个人拉着所有的行李，不再让我替他拿。更让我惊讶的是，仅仅回来不到24小时，他不但把自己的鞋刷了，还开始主动帮助我做家务，收拾自己的行李。我看到了儿子的成长，他终于走出了父母的照顾，开始尝试独立生活。

二、学会倾听

偶尔，儿子往家打电话时的情绪是低落的，电话内容有上课跟不上节奏的慌乱、有成绩下滑的无所适从、有努力之后仍然没有结果的委屈……最初，受他这种情绪的影响，我不由得也开始焦虑，甚至有时候劝说无效后还急得流过眼泪。后来听一个衡中毕业生说，内向的孩子在遇到压力自己不能排解时会向家长诉说，而外向的孩子更愿意向老师和同学诉说。孩子偶尔低沉的电话只是为了倾诉，或者是缓解压力，这个时候，家长只需倾听就好，再适时给予鼓励，孩子慢慢就能从不良情绪中走出来。再接到儿子电话，我开始耐心地和孩子交流，专心致志地倾听，并适时问他一些学校的事情。当他说出对一些事情的看法时，我显示出足够尊重他的意见，给他足够的信心和自信。通过这几个月和孩子的交流，我深深感悟到倾听是一门艺术。

三、培养孩子的抗挫能力

在上高中之前，儿子的成长是顺利的，导致抗挫能力也比较差。印象中最深的一次是他二调考试成绩大幅下滑，电话里他的声音带着哽咽，说自己简直要崩溃了。放假回家时，他仍然没从被打击的情绪中走出来。我告诉他，考试的目的不是为了分数，而是为了查漏补缺，通过考试看到自己哪个知识点还没有学会，如果仅仅纠结于一次考试的分数和排名，那就失去了考试的意义。返校的时候，我给他写了一封信，告诉他正视挫折，挫折使人沉沦，但是挫折也会使人奋进，只有把挫折看成一笔财富，才会用感恩的心、积极的态度去对待一切问题。并且，我还把衡中三问"我来衡中干什么，我要做一个什么样的人，我今天做得怎么样"写在了信尾，告诉他遇到挫折压力时就看看这三句话。

四、教孩子勇于战胜困难

从小学到初中，儿子的成绩一直都名列前茅。到了衡中之后，突然之间发现周围的同学都好强大，而且课程越来越难，儿子沮丧地觉得自己可能根本无法超越。我跟他说，你不是最喜欢看《亮剑》吗，你的偶像李云龙在遇到困难的时候是怎么做的？他是勇敢地去战胜困难还是不战而退？学习如战场，一次失败就主动投降可不是战斗中的强者。遇到困难的时候更应该冷静，分析自己的长处和短处，制定出适合自己的战略，才能反败为胜。在今年的开学典礼上，郗校长曾经结合《哪吒之魔童降世》中的经典台词"我命由我不由天"勉励孩子们要有一种敢于同命运抗争的精气神，作为衡中的学子，遇到困难更应该攻坚克难，不服输，不气馁。

一株小树在成长过程中除了沐浴阳光雨露也要经历风雨才能成长得更茁壮，我们的孩子也同样如此，品尝了学习中的酸甜苦辣才能在高考迎来甜蜜的果实。

陪你成长，任重而道远，用耐心，用智慧。

送孩子一对隐形的翅膀

（416班李奕璋家长）

孩子都是父母的天使，亦是璞玉，最终雕琢成什么，是精品还是次品要看工匠的手艺。要成为一名优秀的工匠，就要把眼光放长远，纵观大局，从整体出发，找准精华处，剔除糟粕，最后呈现成品。培养孩子，最需要的便是这种工匠精神——不能指望孩子一朝一夕成才，亦不能巴望他完美无缺，而是根据他自身的资质，因材施教。

我是第一次当妈妈，有了儿子之后，就一门心思想要给他最好的成长环境。随着他日渐长大，我逐渐意识到，溺爱只会教出逆子，唯有言传身教才能帮助孩子走向成功。从此，我不再看电视，下班后一心陪伴儿子，亲子游戏、亲子阅读、亲子对话……眨眼之间，儿子背上小书包，走进了幼儿园。由于他认字多，数学计算能力也强，老师们都很喜欢他，频频夸奖他。回到家，他时常跟我们说老师又夸他表现好，我就夸奖他真棒，"以后还要读更多书，再讲给小朋友们听"。得到了双重肯定，他更加兴奋，一放下筷子就催我跟他读书。

儿子在农村老家的幼儿园上了两年学之后，我家搬进了城区。曾一度被老师夸赞聪明伶俐的儿子，转入城区的幼儿园后，竟然成了新老师眼中的顽劣生。我每次接他，总能听到老师挑出他的不是：吃饭太慢，午觉不好好睡，字也写不好，还特别好动。看着儿子无精打采的样子，我心里涌起阵阵心疼。这种情况持续了一个星期，我决定找老师沟通。老师说，孩子没有任何优点，家长所谓的优点并不是幼儿园侧重的。我唯恐伤害到儿子幼小的心灵，回家后，谎称老师夸奖了他，说他今天有进步了。他的眼睛亮了，开心地笑了。从那之后，老师依旧每天告状，但渐渐地偶尔也会夸他一两句，这足以让儿子高兴整个晚上。

儿子升入小学后，我和丈夫先后调离了原单位，走进了完全陌生的工作环境，面对更大的挑战。勤奋加班却仍旧焦头烂额的状况时常出现，但我和丈夫总是互相鼓励，从不泼对方的冷水。遇到解决不了的问题，我们会互相请教，依然不行时，我们就打电话求助亲戚朋友。总之，绝不让麻烦击垮。儿子把这一切看在眼里，记在心上。作业特别多时，他就以我们为榜样，加班加点也要完成；作业难时，他就找我或者他爸爸帮他讲解题思路，但从来不找借口不完成作业。

　　从小学到初中，儿子的课业难度逐渐加大，面临的选择也越来越多，每每走到岔路口都是对他能力的巨大考验。小学阶段还好，初中有了中考压力，是升入城区中学就读还是回农村老家的中学就不得不动动脑筋了。以他小学的成绩，面对更多、更强的对手，恐怕很难考取本地最好的高中；回老家中学吧，教学质量肯定要比城区中学落后很多。我和丈夫陷入两难，拿不准该怎样抉择，焦虑之中我决定问一问儿子的意见。他说不想跟同学们分开，即使高手再多也会乐观面对。我和丈夫商量过后，觉得应该尊重他的决定，相信他的选择。就这样，儿子每天快快乐乐地去上学。没想到，第一次期中检测他竟考了全校第二名，这大大超乎了我们的预料，也让我们重新认识了他的学习能力。

　　进入衡中后，身边高手如云，儿子从初中时的首屈一指变成了极其普通的一员。他极不适应，急着想证明自己，结果适得其反，成绩越发不如意，情绪特别低落。为了安慰、开导他，我特意给他写了一封信，问他是否还记得我在他去衡中前说的话，"面对成绩，考好了长出一口气，继续努力；考得不好就微微一笑，查找不足吧"，随后对他的学习做了梳理，肯定了他的热情毋庸置疑，能力也有目共睹，那么不足呢？"正如孙老师所说，生活学习的条理决定应对越来越多的知识时是否游刃有余。突击固然重要，稳扎稳打总归是王道。学习就要按老师的要求按部就班，挤出时间扬长避短。比如，早上挤时间背英语、语文，中午挤时间做做数学、地理，零散时间就利用起来了。又或者，你找卷子浪费了两分钟，而老师已经讲了两分钟题，说明时间和条理都很重要。还有就是乔老师说的，在学习热情和学习方法中是否哪里不平衡。只有对自身状况做个全面分析，找准病根，对症下药，才能让脑子里的知识点像图书馆的书籍那样，有序、美观、实用。"最后，我替他加油，署名"你的粉丝妈妈"！

衡中故事

儿子常说不配当我的偶像，因为偶像都是十分自信的。为给他打气，帮他找回自信，我时常在学校官网的家长寄语平台上给他留言。我告诉他，自信的书面理解就是对自身力量的确信。"你说没有自信，是自己不相信自己了，而不是你不行。蜜蜂每天都在找花朵，而大花园中每一朵花都很漂亮，你是努力比他们香，还是努力比他们大，或者比他们都艳丽？都错了，你需要比他们开的时间长。不论你怎么样，他们怎么样，你们都叫花，没有实质差别，只有这朵花开得是否壮实才是你最该关心的。"

应该让孩子知道，不管他取得怎样的成绩，爸爸妈妈都会永远爱他、支持他、做他的粉丝，这是对孩子最起码的尊重，也是最应有的信任。昔日，年幼的他依赖着我为他树立的榜样爱上了阅读，凭借着对我的信任摒弃了对新幼儿园的排斥；如今，我要用对他的信任与鼓励陪伴他走出成长路上的泥沼。这份信任，这份鼓励，就是我能为他准备的隐形翅膀。这对翅膀不被常人所见，而且结实、轻巧、便于携带，就不会成为孩子的负担，但在他需要时，只要张开双翼，就能振翅飞翔。

这也让我想到那些打压式家长，不管孩子多么努力都要否定孩子，不但打击了孩子的积极性，也让孩子深陷在自卑的泥潭里无法自拔。多年以后，当孩子回想起自己的童年，回首人生路时，难道不会怨恨父母吗？与其戴着有色眼镜看待一个并不完美的孩子，不如用赞许的目光去找寻孩子身上的闪光点。当闪光点越来越多，那些无法去除的杂质就不再显眼了，甚至就能被掩盖了。

一言以概之，我为孩子感到骄傲，他便会成为我的骄傲。我相信，有了这对隐形的翅膀，他会飞得更高，飞得更远！

做榜样父母，育优秀儿女

（419班康益鸣家长）

永远难忘2019年7月的这个夏天，因为我们和儿子终于在经历了"一分决定命运"的忐忑后收到了衡水中学的录取通知书。是的，儿子就是这么幸运，如今他身在这所神一样的全国顶尖学校读书，体会到的是"追求卓越"精神立校的强大，体会到的是学业与德育多元竞放的华彩，体会到的更是教师团队默默奉献的大爱无私……而作为衡中家长的我们，一方面欣喜地感受着儿子的成长，另一方面也在努力思考，作为家庭教育的掌舵者，我们又该如何积极配合学校，在孩子的成长路上助其一臂之力呢？

回顾儿子从呱呱坠地到成长为如今的一位阳光大男孩，家庭教育当然很重要。自古以来，无论是豪门贵族、王侯将相，还是和我们一样普普通通的百姓之家，都会有独属于自己的家风、家训和家教，而从《弟子规》《三字经》到《朱子家训》《颜氏家训》，从"孟母三迁"到"岳母刺字"，在诸多典籍和耳熟能详的家教典范中，也无处不彰显着家风、家训和家教的魅力与精髓。

是的，家庭教育是孩子成长过程中的基础教育，我们家长能做的就是用一言一行、一举一动营造属于我们自己的家风，而孩子在某种特定家风的熏陶之下，自然而然地被沐浴和洗礼。儿子如今能在衡中读书成长，自然也离不开我们这个大家庭的深刻影响。

孝敬父母、尊老爱幼是我们这个大家庭教育孩子的首要目标。百善孝为先，如果一个孩子连自己的父母都不孝顺，又怎能指望他与人为善呢？儿子从小就跟我们以及爷爷奶奶生活在一起，而且上面还有儿子的太爷爷和太奶奶。婆婆每次做了好吃的都会亲自给太爷爷和太奶奶送过去。曾经有一年因为持续修路，特别是雨雪天气后道路泥泞难走，但婆婆还是和往常一样坚持给老爷爷老奶奶送饭，不仅幼小的儿子看在眼里，我也时常被打动着。所以2017年婆婆因病手术，住院期间我们日夜守护，乃至医院的护士都以为我是女儿不是儿媳。把婆婆接回家后我更是精心照顾调养，婆婆如今也终于恢复了健康！我们虽然和公婆分开生活，但儿子每次回家都会去看望爷爷奶奶，也会做一些洗碗、扫地等力所能及的事情。有一年奶奶生日，儿子还亲手做了康乃馨花束。感受着儿子的孝心和成长，我们都很欣慰！

教育孩子善良正直、明事知礼是我们在育儿道路上的又一门必修课。当今社会，有相当一部分家长关注更多的是孩子的文化成绩，但我们相信，如果一个孩子善良正直、明事知礼，他在学业上也定会努力奋起。记得多年前我带儿子去北京旅游，坐公交车的时候因为怕拥挤我总是抱着儿子。让我感动的是，在北京游玩了3天，每次坐公交车都会有人给我让座，除了真诚地说几声谢谢，我好像真的不能再做点什么了。我们生活在一个小县城，当年县城里几乎没有多少公交车，我们也很少有机会去坐公交车，所以像让座这种事情总感觉是发生在电视报道上或者电影情节里面。但从那以后，每次再去大城市，只要有机会坐公交车，我就总是期待有机会给别人让个座，而每次让座成功之后的喜悦也都深深感染着儿子。如今，善良就像一粒种子，已经在儿子身上开花结果，他不仅学会了给别人让座，还学会了遇到拾荒老人主动捡起饮料瓶子送过去，学会了去超市看到拎着大包小包的人往外走就快跑两步赶过去帮着打开门，学会了看到乞讨者给几块零花钱尽一点微薄之力。尽管有时候"乞讨者"就是个骗子，可是又有什么关系呢？我们在儿子身上看到了人性的光芒，足矣！

有了孝心、善心，做人就有了最基本的道德操守，但作为特定年龄的高中生，圆满完成学业仍然是儿子这个阶段最核心的任务。记得从初二开始，儿子的英语成绩开始滑坡，满分是120分，儿子的成绩很长一段时间都只在七八十分徘徊。不得已，暑假我给他找了老师补课，但初三开学第一次月考儿子仅仅考了72分，他有些灰心丧气。其实那时我也开始有些焦虑，但面对眼前的困境，我没有时间再犹豫，果断和班主任以及英语老师沟通后，我努力给儿子打气。老师在学校严格要求儿子，我在家又能做些什么呢？思来想去，我决定每次儿子放假回来都写一封家书，我要陪儿子一起坚持一起努力，直到中考结束。英语学科的知识点本来就有散而多的特点，必须经历长期的积累和练习才能发生质的改变，而我要做的就是不间断地给儿子充电，让他相信那个最朴素的道理——坚持就是胜利！终于，中考成绩出来的那一刻我们都被深深地震撼了：在所有科目当中，儿子的最高分115分就是英语！看，我做到了，儿子也做到了，而这也正是不畏困难、勇于担当家风的最好体现！相信在衡中的三年高中生活，儿子也定会不负众望，逆流而上！

或许这就是榜样的力量，虽都是日常小事，但却有着化腐朽为神奇的力量！我的职业是教师，而且我也是一位班主任，我所在的职教中心每年都会遇到很多问题孩子，父母的关注引导不够甚至缺失，导致很多孩子在花一样的年纪就面临枯萎凋零的命运，等送到学校靠老师来扭转乾坤又谈何容易！可见，家庭教育对一个孩子的成长是多么重要！

回顾过去，展望未来，虽然我们的儿子还有着这样那样的问题和不足，但也正是所谓的不完美时刻激励着我们像衡中的校训"追求卓越"一样，并且永远在追求卓越的道路上不满足、不停歇！相信所有衡中的家长朋友也定会树良好家风、做榜样父母、育优秀儿女，使儿女担起未来大任！

适当放手，和孩子一起成长

（502班刘家铭家长）

曾经有一位班主任发给家长这样一则短信："无论孩子成绩好坏，请想想，每个孩子都是种子，只不过每个人的花期不同。有的花，一开始就灿烂绽放；有的花，需要漫长地等待。"回想家铭成长的这15年，我们何尝不是在等待中陪孩子慢慢成长呢？

一、呵护孩子的好奇心，培养渴求知识的探索精神

家铭小的时候，我和爱人工作都很忙，孩子主要是他奶奶带大的。奶奶腿脚不好，走路不方便，不能像其他小朋友的家长那样陪着他来回跑，就经常在草地上捉一些小虫子让他玩。小区里的小花园就是他的开心乐园，对各种各样的小动物他都非常好奇，蹲在小花园里能玩半天不动地方。稍大一些，他就在家里种花生、土豆、棉花，自己用棉棒给朱顶红授粉、嫁接蟹爪兰。直到现在，家里的朱顶红每年都会开花结种。初三时，他曾经写了一篇《一朵花的距离》的习作，详细记录了养芦荟而没有成功的经历："我与你，隔了一朵花的距离。多少次午夜梦回，你颤动着丝丝的黄色花蕊，摇曳着粉嫩的、蝉翼般的花瓣，微笑地看着我。我伸出手去，想要抚摩你一下，你却倏忽不见了踪影，离我远去。我知道，我们再也无缘相见，我们之间恰恰隔了一段花的距离，而这距离，却永远无法逾越……"小学时，孩子特别喜欢《自然科学》，每期都会认真阅读，而且是翻来覆去地看，他还特别喜欢看科教频道的《地理中国》《我爱发明》等节目，对其内容非常感兴趣，喜欢探索科学奥妙。他时刻保持着一颗好奇心，一种对知识的渴求的欲望。

二、培养孩子的良好生活习惯，锻炼自我管理能力

从上幼儿园开始，孩子多数是奶奶接送，那个时候还没有微信和QQ，每天放学留作业都是老师写到黑板上学生再抄下来。因为孩子奶奶不识字，每次都是让别的家长代抄，可是往往放学时间紧张，赶上天气不好时，大家都想早点回家，也不好意思总麻烦别人。后来我们就和孩子说，要锻炼自己，要自己把作业记在脑子里，否则完不成作业会被老师批评的。孩子很懂事，也很听话，从此就养成了记作业的好习惯，而且这个习惯一直保持到初中毕业。他每天把作业记得又全又准确，有时候同学的家长也打电话问他作业内容，我们便乘机夸奖一番，让他保持一种小小的成就感和责任感。

从小学开始他就自己整理书包。他的书包从来都是井井有条，课本、作业本等都是分门别类放在不同的夹层里，用完后绝对是物归原位，这个习惯一直保持到现在。自己的课桌，他也是整理得干干净净、一尘不染，包括考试后的试卷都是用一个夹子按照顺序夹好。随着初中学科的增加，作业也越来越多。每天晚上做完作业后，老师会让家长检查作业完成情况，让家长查漏补缺。初一时我们按照老师要求进行例行检查，到了初二，都是他自我检查、自我订正。虽然试题后面有答案，但是他都是严格要求自己，从来不先看答案。有时候我们也象征性地进行突击检查，看看他自我检查的效果，从没发现问题。

在我们的引导下，家铭的时间管理意识比较强。初三时功课繁重，他想拿下二胡十级证书，我们都很为他担心，怕他顾此失彼，可没想到他不但通过了二胡十级考试，并且也取得了不错的中考成绩，这一切都得益于他较强的时间管理意识。

三、帮孩子养成良好的学习习惯，提高学习效率

我们经常跟他讲：要抓住课堂45分钟时间，充分利用好每一节课的上课时间；课前要做好预习，上课时不要走神，要紧跟老师讲课思路，会记笔记，知道老师强调的重点内容，要用心听，提高学习效率；课堂上要积极回答老师提出的问题，克服胆怯心理，多举手，不断克服心理障碍，回答问题时要声音洪亮、吐字清晰。初中三年，我们家住得离学校非常近，隔着马路也就不到10分钟路程。他每天中午放学后，在教室再学习半个多小时，和同学一起并肩作战，探讨解题的方法，分享成功的喜悦。从小学到初中，他总是早早到学校，没有迟到过一次，没有耽误过一节课，不管是刮风下雨还是其他什么原因他都要准时去上课。他注重学习方法的总结，在学习上从来不拖拉，擅长知识的迁移，在做作业时会举一反三，知识点像滚雪球一样越滚越大，掌握的知识也越来越多。

四、鼓励孩子，培养自信心，不断完善自我

曾经，孩子胆小怯懦，在人前不敢抬头，更不会侃侃而谈，但凡有什么活动他都不会主动参加，而是一退再退、一缩再缩，避开众人的目光，躲到一个不起眼的角落，这都是没有自信的表现。我们不断地鼓励孩子参加一些活动来锻炼自己。记忆最深的是孩子初一时，学校组织诗歌朗诵比赛，在我们的软硬兼施下，他只好硬着头皮同意参加了。不轻易服输的他开始日复一日、紧锣密鼓地在家练习，只希望在比赛当天不会因为紧张忘记了词句而尴尬。后来他在作文中回忆了这件事："当我看着台上其他同学的朗诵表演，不禁由衷地敬佩：他们在台上举手投足是那么泰然自若，仿佛就在自己家中；他们的朗诵又是那么投入，声情并茂，似乎倾注了全身的感情，与诗歌融为一体。在朦胧幻化的灯光下，他们仿佛就是诗人，余音绕梁，不绝如缕，极具感染力、极富震撼力。难道我就不行吗？行，一定行！轮到我们朗诵了，我和同学一起走上台。音乐声起，我们挺起胸、昂起头，努力克制恐惧，脑海中一遍遍回放着排练时的情景，不知何时起渐入佳境，握着话筒的手不再颤抖，而是变得坚定有力。"最后他在文中感慨道："人生路漫漫，困难何其多。面对困难，最重要的是不畏惧，学会挺胸面对，迎难而上。"

五、尊重孩子，相信孩子，静等花开

孩子上小学以来，在教育孩子的问题上，我是在和爱人不断的争执过程中最后被迫妥协的人，因为我心里压不住事，面对孩子成绩起伏不定时往往会很快表现在脸上：成绩好时会喜形于色，成绩退步时就会按捺不住内心的焦虑，看到别人家的孩子比自家的孩子好沉不住气。爱人一直在告诉我要静等花开，多鼓励、多表扬，相信孩子，和孩子一起成长。

初一、初二阶段，孩子一直属于年级前20名的学生；进入初三后，学习竞争非常激烈，数学考试非常频繁，刚讲完就考试，但是孩子接受并且消化需要一个过程。因为孩子一直没有上过辅导班，每当看到孩子成绩排名靠后时，我就会不断担心和唠叨："给孩子报个辅导班吧。看看别人家的孩子考试几乎都是满分，万一咱孩子跟不上怎么办？"脸上挂着种种担心

和焦虑。爱人禁不住我的多次劝说，就跟孩子商量报辅导班，可是孩子却说："我相信自己一定会赶上的。他们都先学过，知识点熟悉，所以比我好。经过一轮复习我会赶上的，我应该没问题。"我们尊重孩子，选择相信孩子。面对难题，他能够静下心来琢磨，很快成绩迎头赶上，中考以全市第24名的好成绩顺利被衡水中学录取。

进入衡水中学后，在贾拴柱老师的带领下，面对高手如云、个个都是学霸的环境，他丝毫没有畏惧，而是一路披荆斩棘、奋力拼搏，一调、二调、期中考试均出乎我们意料，给了我们大大的惊喜！他在一调考出了年级第22名的好成绩，并且3次一直稳定在年级前100名以内。在分班之前，只有英语相对是弱项，因此他每次放假回来我们都会说寒假给他报个英语辅导班，他还是淡淡地说："我认为没有问题，我感觉我能行！"回答得铿锵有力。

回想起孩子的成长之路，从邢钢子弟学校，到邢台市十九中学，再到衡水中学，孩子用行动告诉我们，他一直在努力。"马不扬鞭自奋蹄"，作为家长不要因一时得失而惊慌失措，一定要"淡定"，要尊重孩子，要相信孩子，帮助孩子合理做好规划，时刻让孩子保持一颗好奇心和上进心，既要有远大目标，又要有阶段性目标，脚踏实地才能不断挑战自我、战胜自我，迎接灿烂的明天。

他妈妈在他去衡水中学之后写下的鼓励直到今天还压在儿子的书桌上："坚决相信你的能力，耐心等待你的成长，大力支持你的决定。"不是吗，我们要做的就是静等花开！

孩子的成长花期不同，
要细心呵护、耐心等候

（576班王晨旭家长）

首先感谢衡水中学给我这次机会，能和大家一起交流教育孩子的心得体会。其实，刚接到老师约稿信息的时候，我心里着实扑通了一下，第一反应就是应该让成绩优秀的孩子的家长来讲讲教育问题，可老师说优秀的孩子不是简单用成绩好坏来衡量的。听到这句话，我明白和大多数人一样也进入了一个误区，作为家长我需要检讨。分数只是孩子成长过程中的一部分，孩子分数的高低说白了只是家长的面子问题，家长应该更多地关注孩子的心理健康成长才能让孩子得到全面的发展。所以今天我简单把和孩子一起成长的过程和大家分享一下。

说到教育孩子，我的理念是"才者，德之资也；德者，才之帅也"，成人成才要并行。俗话说，生孩子不易，养孩子更难，其实也就是说，孩子生下来，作为父母的责任就开始了，不只是让他吃饱穿暖就可以了，而是如何把孩子培养成对社会有益的人。对社会有益的人，不是高分低能，是一个有知识、有修养、有责任心，敢于担当、乐观、自信、积极向上的人。

在教育孩子时，我掌握的原则是：首先，把孩子当成朋友进行交流，遇到问题学会换位思考；其次，作为家长必须把握住底线和方向，更重要的是以身作则。这几个原则不是独立的，而是密不可分的。

一、和孩子做朋友

在日常生活中，我们会遇到各种各样的事情，而父母之间的关系和与孩子愉快的相处会给孩子的心理健康造成很大的影响。孩子和父母说话的时候父母要尽量倾听，不要打断孩子。不管是不是感兴趣，也不管工作多累。到家了，你就不再是单位的工作人员，不再是领导，你只是孩子的爸爸妈妈。儿子小时候，我带他出去玩，我们一边走儿子一边讲自己编的故事。有时候我觉得太天马行空，但尽量不打断他；有时候我走神了，想自己的事情了，但很快会把思维转回来，问孩子关于故事的细节，表示对他的故事很感兴趣。这样，孩子会习惯把他的想法说给你听，作为家长也能了解孩子更多的心理状态。

　　孩子喜欢的东西随着年龄的增长都会有所变化，作为家长，不能说这个不好那个不好，也不要把"想当年我怎么怎么样"挂在嘴边，毕竟那个年代物质生活和孩子所处的环境等各方面都有着巨大的差别，但是外界环境改变了，每个人的心理成长过程还是不变的。所以作为家长要学会换位思考，想想自己在同样的年龄是不是也看武侠小说，是不是也对什么都好奇。从小到大，孩子喜欢的东西我一般都跟着一起学习，甚至比孩子了解得还要多些，这样更能和孩子有共同语言，孩子也更加信任家长。儿子一周岁的时候喜欢恐龙、汽车，那时候我买了许多相关内容的画册，剑龙、翼龙、霸王龙等，它们的特征、饮食包括自身防御武器我都了解得一清二楚。孩子从两周岁直到现在都喜欢迈克尔·杰克逊，所有关于他的光盘和歌曲我都在家里存放着，我们也经常和孩子一起听他的歌曲。孩子喜欢组装四驱车，我就成了组装高手；喜欢悠悠球，我也跟着练了几招；喜欢机器人高达，我也了解了什么是限量版；喜欢圣斗士星矢，我也顺便了解了青铜圣斗士。孩子后来喜欢的兵人、苹果、乔布斯等，随着不同阶段的喜好，我都尽量和孩子一起认识、了解，陪儿子一起去旗舰店。连店员都说我还挺时尚的，什么都懂。没办法，和孩子一起成长，就是要接受新鲜事物，与时俱进，让孩子在兴趣中学习。

　　孩子上初中时正赶上钓鱼岛事件。当儿子问起钓鱼岛问题时，我和他爸爸并没有直接告诉他，而是让孩子首先在地图上找到方位，然后分析为什么日本要钓鱼岛，由此引导孩子从1895年的《马关条约》到二战的《开罗宣言》、从1951年的《旧金山和约》到1972年的中日邦交正常化，直到2012年日本栗原家族、"国有化"，等等，通过有兴趣的了解，让孩子在某种程度上学会学习、感兴趣地学习。

　　二、把握大方向和底线

　　大方向和底线换句话说就是什么可以尝试去做、什么坚决不能做。我对孩子说："从大方向来说，首先，生命是最重要的；其次，家永远是最温暖的地方，不管做错了什么都要回家。底线是，首先，毒品、赌博是坚决不能碰的；其次，任何事情都不能上瘾，不论好与坏；最后，可以犯错，但是相同的错误不能再犯。"

通常教育孩子的时候，爸爸妈妈很多时候会持不同意见，甚至是相反意见，我和老公也经常讨论，但是从不在孩子面前争执。爸爸妈妈要互相维护对方在孩子心目中的形象，即使爸爸说的不合妈妈的心意，妈妈也要维护爸爸，但是私底下要沟通，达成共识再跟孩子说。同时也要征求孩子的意见，然后讲清利弊，让孩子参与意见，允许孩子自己选择，作为家长只要把握住大的方向和原则就可以了。

三、学会换位思考

父母和孩子的意见总有不一致的时候，尤其是青春期的孩子。在这个时期，孩子自我感觉长大了，对任何事物都有自己的见解，总是感觉父母不理解自己，这是俗称叛逆期的阶段。很多家长都有过类似的经历，孩子和自己顶嘴、不听话，甚至和父母成了"对手"。遇到这样的情况，我处理问题的原则是只要不突破底线就可以让孩子去尝试。不撞南墙不回头，让孩子自己感觉不合适了就再也不会出现类似的事情，只有孩子自己认识到了才会真的改变。

四、以身作则

以身作则知易难行，其实作为家长要时刻记得，家长是孩子最好的老师，一举一动、一言一行都是孩子模仿的榜样。所以在家里千万不能有"只许州官放火，不许百姓点灯"的事情，只要孩子在身边，就从自身小事做起，类似随地扔垃圾、闯红灯等小行为都要注意。给孩子立什么规矩就要自己先做到，不能总说"我吃的盐比你吃的米还多"的话，这句话现在已经不管用了，孩子会说"那是你的生活习惯不好，吃盐太多"！

每个孩子都是唯一的，要让孩子成为一个德才兼备的人，作为家长对孩子要做十件事：拥抱你的孩子、肯定孩子的优点、正确的导向、纠正错误时的耐心和原谅心、经常给孩子正向的鼓励、父母和孩子之间民主的地位、父母对孩子的观点和想法有兴趣、"没有暴力"的氛围、愉快的家庭生活、心与心的沟通，要让孩子远离六大问题：自私、抱怨、借口、自满、放弃、拖延。

我个人非常喜欢一段话，在此也送给大家：当你这周或下周看到孩子成绩时，无论好坏，请想想每个孩子都是一朵花的种子，只不过每个人的花期不同。有的花，一开始就会很灿烂地绽放；有的花，需要漫长地等待。不要看着别的花怒放了，自己的那粒种子还没动静就着急，相信是花都有自己的花期。细心地呵护自己的花，慢慢地看着他长大，陪着他沐浴阳光风雨，这何尝不是一种幸福。也许你的种子永远不会开花，因为他是参天大树！

做积极的父母

（767班张涵智家长）

为人父母，对孩子的教育理念并没有高低之分，我也没有什么可称道的成熟的教育经验。借这次衡中家长育人故事约稿的机会，我回顾了一下儿子18年的成长历程，感觉还是比较省心省力的，基本没有因学习问题而出现"鸡飞狗跳"的场景。

即便是经历了他的青春期逆反，我还是可以说，儿子的成长并没有给我造成太多困扰。我反思了一下，觉得这种"省心省力"的结果还是有轨迹可循的，以下就算是我的几点教育体会吧，和大家分享。

一、有目的、全面地培养

大家也许听说过"海淀区家长"这个群体的存在，他们对孩子"有目的、有计划地培养"让我们惊叹不已。其实，我们身处二、三线城市的家长，也可以做到对孩子有目的、全面地培养。

所谓有目的、全面地培养，就是对孩子的教育不要"佛系"，而是做"积极"的父母，全面地关注孩子，设立什么目标，发展什么能力，家长要心里有数。这不仅仅是学习成绩方面，还包括知识面的丰富、视野的开阔、思维的敏捷等各个方面，因为后者才是使孩子具备较强的思考能力的关键。具备了较强的思考能力，孩子学任何东西都会很容易。

从儿子上小学一直到现在，他在学校的课程我基本上没有干预过，但会一直关注，对成绩提出期待，并根据他的需求帮他选择一些课外辅导班。儿子在很小的时候就开始了广泛的阅读，但阅读什么我会严格筛选，从国内外知名童书到文学名著，书单中包括《平凡的世界》《哈利·波特》《魔戒》……儿子四五年级阅读量就已经超过了同龄人。儿子写完作业后的一种消遣方式，就是坐在书柜前读书。

我和孩子的父亲都是文科生，我们希望他未来走理工的道路。因此，在他小时候我会有目的地让他阅读《神奇校车》《可怕的科学》等一些科普读物，培养兴趣。阅读带来收藏和成果，他在高中选了理科后，学习仍能游刃有余。初中的时候，他又开始涉猎一些哲学书籍。阅读让他爱上学习，思维能力得到增强，他从来没有感觉学习是很痛苦的事情。优秀精神食粮的喂养，加之我们日常的强调，使他树立了努力、勤奋的学习观念，自驱力比较强，肯上进、不将就。

二、高质量、融洽地沟通交流

坦白地讲，我们家不是一个"民主家庭"，儿子学什么、玩什么、看什么，不全任他自行安排。适度地参与孩子的学习、成长的规划，不仅会使孩子少走弯路，不浪费宝贵的时间，而且只要保持高质量、融洽地沟通交流，孩子是不会抵触这种参与的。以我儿子为例，他平常的消遣是看书、看动漫、看电影，每次有口碑较好的电影，只要他认为是我俩喜欢的影片类型，都会邀请我和他一起观影，然后对电影进行讨论。

和孩子的沟通交流太重要了。我的逻辑是母子关系首先要融洽，我说什么他都听得进去。有了好的感情基础，我提要求他才会乐意去做。父母作为一个能给孩子带来重大影响的权威，提出一些有意识的积极期待，才能在潜移默化中给孩子施加正向的影响。

保持高质量、融洽地沟通交流，首先要做到有效的亲子陪伴。我常常看到这样的场景：遛娃时间，家长自顾自地玩手机，孩子自己遛自己。这只是"陪"，而没有"伴"。父母在陪伴孩子时，给孩子讲讲故事，或者多与孩子沟通交流，并给予温暖的关怀，这样的陪伴才是有效的，也才利于孩子能力的发展。

随着孩子文化水平、认知能力的提升，很多家庭会遇到一个共性的问题：亲子沟通交流越来越难了。并非父母不愿意和孩子沟通交流，可能的情况是，经过再三尝试后总是不顺畅、被怼回来，于是慢慢就放弃了，或者频率降低了。这就要求父母从学习和提升认知做起，创造更加丰富、有内涵的沟通交流内容。2018年，我参与了中国（唐山）工业博物馆的展板文字撰写工作，文字内容需要粘贴到设计人员制作的PPT中去。我没有学习过PPT，于是让儿子教我，在这个过程中我给他看了我写的展词，介绍了唐山工业诞生的"七个中国第一"，他听得津津有味。母子俩各取所需，都有所收获。

现实中，很少有不愿意和孩子交流的父母。亲子沟通不畅大多是因为理念的代沟，只有父母学习了解更多，才能保障沟通和交流的有效性。通俗地讲，就是孩子聊什么，家长基本能接得住，这背后是父母自控能力、学习能力和耐心程度的比拼。从这个意义上讲，无论经济水平如何，父母的行为和思维才是促进孩子发展的关键因素。

蓦然回首,她在丛中笑
——写在女儿18岁成人之际

(790班何逸灿家长)

女儿何逸灿即将年满18岁。

回想是从何时开始重视家庭教育的呢?应该是在女儿非常稚嫩幼小之时吧。我所为之奉献的中等师范学校,在我工作之初就不再是当地学校顶尖、精英的中考生才能进入的学校了,当时看着我的学生各种各样顽劣的表现,我萌生了一个决心:坚决不能把自己的孩子教育成失败的例子。已逾四十的同事语重心长地劝诫我:"千万要把孩子从小就教育好,不要等到自己中年时再去管教,那时孩子已经无法调教了,那会是很后悔很绝望的事。"而这正是她当时的境况。这促使我更加努力学习家庭教育,同时订阅好几种杂志(比如,《家庭教育导读》《父母必读》《家庭教育》《亲子·根基》《家长》),开始疯狂购买相关书籍,四处打听并积极聆听家庭教育讲座,开始坚信"家庭教育的本质就是父母和孩子共同成长",想方设法厚植作为父母的人生功底,为活明白自己的人生从而更好地指导女儿而努力。毕竟残酷的真相是:孩子的成长只有一次,不能从头再来,错过了就没有后悔药。

一、父母之爱子,则为之计深远

在女儿一年级的家长会上,我阐述着自己的想法:父母就应当站在孩子3岁时预见她的13岁、琢磨她23岁甚至33岁那个时代,需要怎样的素质才能应对与顺遂。我们是摸着石头过河地养育着唯一的宝贝儿,没有任何经验可循,但绝不能过一天算一天、过到哪儿算哪儿。

宏观上要站在当下面向未来,要积极思索探究:在20年之后,当我们的孩子都已成人,在社会上独当一面时,需要哪些综合素质?世界不是按照领域来划分的,而是围绕挑战组织起来的。当我们以为学校只是给学生灌输知识的场所时，学校却已经开始了自我进化，让课程对接真实世界的挑战。课程不再是知识的注射器，而是要把社会上的那些挑战、孩子们将来会遇到的那些问题打包浓缩，变成课程，让学生们提前体验、提前触发禀赋。那么身为父母，更要为孩子未雨绸缪，有意识地训练孩子安全、健康等基本的生存、生活技能。除了专注力、记忆力、思维力、演说力等学习能力之外，还要有吹拉弹唱等娱乐身心、安顿心灵的才艺与兴趣；除了表面显性看得见的技能之外，更重要的是锤炼人格、胸怀、气度、品行等看不见的东西，就是格局要大，既要用心灵去关照整个宇宙，又要能看到小我的喜怒哀乐，活得阳光、向上、坦荡与磊落，坦然面对困难、挫折，勇敢积极地去解决所有问题。

微观上要秉持"孩子的每一天都只有一次"的原则，对每天的日常雷厉风行地完成、处理，绝不拖延。听说哪本书对女儿好当天就得买到读到，如果实体书店没有就赶紧网购，不论是该她读的还是该我读的；听说哪里举办有趣的活动，想方设法带着她鼓励她去参加；听说哪部影片有益于女儿的成长，办个会员当天就要观看；学校要求家长完成的各项任务，不打折扣地着手完成……

二、关系大于教育

女儿同学的妈妈跟我说，你家何逸灿在做"房树人"的心理试验时，画了好几个树洞……孩子的心上能没有树洞吗？爸爸为了修建大型水利工程，常年不在孩子身边；妈妈曾经一度轻微抑郁，孩子就成了妈妈发泄的对象。实在是对不起孩子呀！出于补偿心理，我加倍弥补她爸爸缺席的不足，想方设法地陪伴女儿走过她的前15年。问题孩子都是问题家庭造就的，而问题家庭首先是夫妻关系出了问题。

长年两地分居，在女儿较小的那几年里，我们的夫妻关系是处于大吵大闹的状态的。转过身来我安慰女儿：爸爸妈妈吵架是为了把日子过得更好的一种沟通方式，不是坏事；幸福夫妻并不是从来不吵架，而是在争吵之后仍然愿意握着彼此的手；其实感情里一件很暖的事就是吵架归吵架、生气归生气，但不耽误妈妈爱爸爸、爸爸爱妈妈。后来通过学习，我开始改变，如果不希望女儿畸形早恋、不希望女儿遇到渣男，那就给她一个爱妈妈的温润如玉的爸爸。我们开始当着女儿的面秀恩爱拥抱，有实在化解不了的矛盾时一定背着孩子关起门来吵架。女儿赴衡中读书后打来电话时，常常都是我和她爸爸约会、逛街、旅游时。女儿高二升高三的暑假，愉快地说："妈妈，好像你现在没那么嫌弃爸爸啦。"我笑："这你也发现了？我觉得吧，反正我也不会和你爸爸分开，那就应该和他幸福地好好生活下去，就有了爱他如初恋的感觉。你是不是回家以后感觉也挺好的？"女儿笑出了声。夫妻关系不和谐，孩子会产生哪儿哪儿都不是温暖的家的感觉。

身为父母，给予孩子最好的教育便是善良的教育、是爱的教育。我们爱她，我们也爱我们自己的父母、她的爷爷奶奶外公外婆。我们每个月都会像发工资一样准时给没有养老保障的爷爷奶奶赡养费，会不定期地陪伴有退休金的外公外婆买衣服、买生活必需品、逛街等。

我们母女的关系如闺蜜，时常让她爸爸忌妒。女儿更喜欢给我打电话说心里话，只要有时间，我们可以一聊一两个小时。我总是尊重她的意见，而面对不同意见则用"爸爸妈妈建议你"的方式，将选择权留给她自己，让她不会以我们家长的意志为转移。我也总是采用正向、正面的方式鼓励她，即使考试不理想，我们也从来都是分析试卷、解剖自己，防止以后再犯就好了。我想让女儿感受到的是：作为妈妈，能给予的是陪伴和肩膀，是遭受委屈时的拥抱、遭遇困惑时的信念、经历挫折时的力量。

我家这对父女的关系到了女儿高中时更加融洽。一个孩子的成长，一定需要一个理想化目标的牵引，这个最佳人选毫无疑问应该是父亲。何为父？"父"字乃斧之初文，其字形为两把板斧：一把是思想和智慧，另一把是方向和力量的给予。我家的宏观决策都是名校毕业的孩子爸在把控，并且实践证明都是英明而正确的，比如去衡中求学，比如适当吃苦，比如遭遇学习上的滑铁卢时的调整，比如长远规划等。我为女儿的前15年努力做一个好母亲，孩子的爸爸为她的后半生而努力做一个好爸爸，如此接力，令人欣慰。

通过学习、感悟、改进自我，我们力求建立各种和谐温馨的关系，给予女儿足够的爱、自由和平等，让她学会"爱"，让她拥有一个有感情、有温度的宁静灵魂，能正确解读别人的情绪情感，能懂得家庭的温暖、朋友的爱心、陌生人的无私，能尊重他人、善待他人，能回报关爱、感恩她所遇到的所有美好事物。

三、坚持终身读书、学习

读书大美，阅读幸福。孩子小学毕业前如果让其养成阅读与运动两种习惯，那么这个孩子绝对差不了。当时还没有绘本，于是我就从女儿幼儿园开始，给她订阅自然、科普、文学等多种杂志，加上她自己购买的书籍，家里屯了上千本书，成为许多人羡慕的事。只为营造家庭小型图书馆，省去了跑公共图书馆借书和去书店读书的时间，与此同时又收藏了好书，这是学习好、会写作文的根本法则与"道"，而不是作文班所教的"术"。

父母如果不想成为对孩子伤害最大的人，破解之道就是成为终身学习者。女儿小的时候我遍寻讲座听，现在女儿长大了，我开始给其他家长做家庭教育的讲座，仍然需要不断深入学习心理学、遗传学、社会学、生物学、教育学等内容。当然，学习还包括善于纳谏、向过来人学习经验教训。

四、学习做事先学做人

道理不如故事。讲生活故事是一位将孩子培养得异常优秀的同事教给我的又一个育儿好方法。女儿一位同学的爸爸非常羡慕地对我说："什么时候看到你们母女俩在孔雀河边散步都是有说有笑的，你们究竟在说什么？"是啊，我们究竟在说什么？这么多年了，和女儿晚餐、散步、乘车等一切场合，我们都天南海北、古今中外地聊，聊得最多的是对发生在生活中的人与事的看法与评判。毕竟孩子是要离开我们身边远走高飞的，当她独自一人时如何交友、为人、处世？而是非对错的判断是最重要和顶级的审美能力，一定要让孩子充分认识到对了才美，错了就不美，就必须改正。认知几乎是人和人之间唯一的本质差别，人和人一旦产生了认知差别就会做出完全不一样的决定，这些决定就是人与人最大的区别。

女儿3岁时我带她到一个能借到绘本的专卖店，我正和老板娘说话，发现女儿未经允许动手拿了茶几上待客的糖果。我立即带着女儿到楼下的超市买了一公斤的糖果要赔偿给老板娘，老板娘笑着拒绝了，说那些摆放的糖果本来就是给客人们享用的，劝我不要对孩子要求这么严。虽然最终她还是拒收了，但我想让女儿明白未经许可就拿便是侵犯了物权，与偷无异。我同学的女儿10岁时来我家做客，拉开我家所有抽屉看了个遍；我女儿的同学去外婆家玩，拿走了她外婆一百多元现金；我有个走读生的学生，每次去同学宿舍，宿舍就丢钱……时隔多年回想起糖果事件，偶尔会觉得自己当时对女儿的确太严格了，但这样做让女儿学会了遵守规则，懂得"有所不为"，懂得把握住行为的"度"，一步步沿着既定的目标，稳妥地迈进。

我们教导女儿不能说谎但可以学会婉转表达事实；她会遵守安全承诺，每次都会提前告诉我们和同学去哪里，如果不能按时返回她一定会打电话来说明，并在约定的时间回家；吃饭不得吧唧嘴、去别人家做客不得翻别人家抽屉、得到主人允许才可以动主人的物品等规矩必须遵守；应当与人为善但不委曲求全……真正的教育比拼的是爹妈的人生功底，更重要的不是身份和财富的寄生与遗传，而是父母的观念，包括生活方式、思维方式、处世方式在内。三观正的家庭让孩子对人生始终有恒定的价值观，对自己始终有坚定的自信力，在社会上始终有人格尊严。

五、内在不竭的动力

我朋友几年前跟我抱怨孩子学习没动力的问题，几年以后还在说同样的问题，这个现象刺激了我深入思考，为什么当下有很多孩子"没理想没动力，有理想没动力"，实则是"心不动"。孩子的心就像一片肥沃的土地，父母播种什么就会生长什么，而且孩子的模仿非常诚实，好的坏的一概接收。我朋友的孩子被明确告知：他爷爷奶奶、外公外婆、爸爸妈妈的住宅将来都是他的，还有他家超大的门面房。试想有这么多遗产可以无条件继承，谁还想努力呀。

父母想让孩子成为一个什么样的人，就先做一个那样的人给孩子看。宋庆龄曾说："孩子的性格和才能，归根结底是受到家庭、父母的影响。"

我们用身教的方式告诉女儿"天下兴亡，我辈责任"。我们虽是凡人，但守住平凡不流于平庸并不容易，须尽自己最大努力给这个世界带来最大、最良好的影响，让更多人因为我们的存在而变得更加美好。

女儿在小学作文里就骄傲地写，爸爸不仅是数学题专家，更是水利专家。她在每年寒暑假都会去爸爸的工地，亲眼见证了爸爸把巨大的坑修筑成了一百多米的大坝。因为太过陡峭，通往坝顶的道路不得不采用"Z"字形。大坝建成以后用电高峰期也不会断电、限电。爸爸舍了小家为了大家，虽然长年不能陪伴在她的身边，但正如教育家马卡连柯曾说的"不要以为只有你们在教训孩子、命令孩子的时候才是教育，你们在生活的每时每刻，甚至你们不在场的时候，也是在教育"。最好的教育都是无声的，父母在做，孩子在看。

女儿的事情最大，把女儿培养成国家需要的人才是我作为母亲的首要任务，连自己的孩子都没教育好，又有什么资格和本事去教育别人的孩子？当女儿赴衡中求学后，我有了更多精力，重新加入了班主任行列，秉持"我期望自己的女儿遇到怎样的老师，那我就做那样的老师"的标准，努力善待被高考和大学淘汰的学生，帮助他们找回自信，使他们也成为尽最大努力给世界最良好影响的人，让更多家庭获得了幸福快乐，看到了希望。我跟女儿开玩笑说我正在从事着让"丑小鸭"蜕变成"白天鹅"的阳光事业。在陪伴女儿成长的过程中，对孩子影响最大的并不是我们为她做了什么，而是我们自己本身成为怎样的人。当我们成为孩子的榜样和骄傲，孩子也会成为我们的期许和自豪。纪录片《幼儿园》的导演张以庆说，家长其实每时每刻都在给孩子上着课，如你自己做人的规范、你的做派、你的举止、你的言语。真的不用逼着孩子"请你像我这样做"，因为每时每刻，他都会像你这样做。

六、耐力与坚持是成就人生的主旋律之一

有一位年长的同事告诫我：要给孩子把所有窗口打开，让她看到、体验更加丰富的世界，然后由她自己来确定她可以在哪些才艺方面持续发展下去。于是钢琴她坚持弹了7年，在小学毕业时连蹦带跳地考过了十级证书；绘画她开开心心地坚持了5年，获得各种奖项；不好动的她断断续续练习拉丁舞、民族舞有4年；网球健身她坚持了2年；练习喜欢的吉他近一年，最终因为文化课老师建议"抓紧大好光阴学习，进入理想大学之后可以更好地发展各类兴趣"，她才不舍地停止了。她坚持最久的事就是课外阅读，家中随处都有书籍，非常方便满足读书欲望。女儿现在常被人称为"学霸"，其实所谓的"学霸"，不是因为有多聪明，而是他们在学习生涯的每个日夜都在持续、高质量地积累和沉淀。

而我们家长也在坚持做有耐力的榜样——建立女儿各种成长档案。比如，每年出一本她的作文集，她的所有绘画作品都被完好收藏，她的各种成长照片都被记录下来，还录了很多钢琴音频。

12岁是人生一个新的节点，从女儿12岁开始，每年她过生日，我和她爸爸都会写一封祝福的信，工工整整地誊写在漂亮的信纸上。比起物质并不匮乏时代的物质的生日礼物，这是更有纪念意义的。这些文字也反映了女儿那个年龄段我们家长的"长远之计"——心态、观念，是历史与时代的见证。

七、加强家校联系，尊敬老师

不敬老师、不敬书本的学生是不可能成才的。因为我自己是老师，深知老师的呕心沥血，所以心疼女儿首要是心疼老师，正确的做法就是与老师成为朋友而非站在老师的对立面，就变成了积极主动地加强家校联系，配合学校与老师做好力所能及的工作，用志愿服务的精神快乐奉献着，做着班级、年级、学校三级家委会的工作，乐此不疲地开展了诸如亲子活动、家教讲座、团队建设、比赛排练等创新性的工作。我用行动告诉孩子，一枝独秀不是春天，一棵大树不是森林，只有她周围的同学都更加优秀，她的班级才更卓越，这个世界才能变得更好。在深入学校和班级陪伴女儿的过程中，是我们做父母的自我修行，孩子也必定成长为更好的自己。女儿多次骄傲地跟我说："妈妈，当你出现在那么多叔叔阿姨中间时，你的气质特别显眼，我一眼就能看到你——虽然个子不高，但给我一种鹤立鸡群的感觉。"作家冯尘说，所谓父母子女一场，不过是相互滋养。

有人说，检验家庭教育是否成功的标准是孩子在35岁以后婚姻是否幸福，因为如何兼顾工作、家庭、孩子，如何处理婆媳、夫妻、亲子、亲戚等关系，都是在前20年家庭教育中奠定的基础。

女儿看着我们做父母的如何陪伴她长大，也看着我们如何经营婚姻，看着我们如何尽自己最大努力给世界带来最大最好的努力，相信会为她35岁以后的生活保驾护航、解决问题带来良好影响。

期待女儿在未来成为一个幸福的普通人！

随风潜入夜，润物细无声

（796班白天翔家长）

高尔基说过："爱护自己的孩子，这是母鸡都会做的，但教育好孩子却是一门艺术。"做好孩子的第一任老师最重要的就是怎样来培育塑造孩子的个性，培养良好的习惯。优秀的品行更有助于一个人的成功。家长是没有教科书的职业，是一份不求回报的工作，是一个幸福与痛苦密切交织的身份，是一个只有成功、没有失败的实验。对我儿子的教育，我们从自身的成长历程在慢慢地浇灌着孩子的成长。

一、循循善诱，奇文共赏

读书可以明智，但怎样让孩子读书、喜欢读书、喜欢读好书着实让我们思考了很长时间。儿子五六岁的时候，对文字阅读不感兴趣，只想看图画书、漫画书，这非常不利于孩子的思考，但是又不能强制孩子看文字书。于是，我和孩子一块儿看书，而且不刻意干预孩子看什么书，但是看到一些较为精彩的地方会故意大声地笑，甚至笑得有些夸张，孩子就很奇怪，问我什么内容这么搞笑，于是我就把书给他，让他自己从里面找。反复一段时间后，孩子就慢慢地爱上读书了。我不再限定孩子的阅读范围，孩子看的书很多，如四大名著、科幻书籍，还有《平凡的世界》《论语》《三字经》……

二、培养孩子独立、坚韧的性格

独立性是指善于自我决策，能独立地寻找解决问题行为的个性品质。培养孩子的独立性，家长要尊重孩子，将孩子当作一个独立的人来看待，了解孩子，观察他的愿望、兴趣，尊重他潜在的主观能动性。儿子从6岁才开始分床单睡，我们开始锻炼他洗自己的袜子、内裤（其实，每次他洗完，我们都要悄悄地再重新洗一遍）并及时表扬，坚持正面鼓励。他从四年级就开始自己骑自行车往返学校（因为我们的原因，不能像大多数家长一样接送孩子），不论严冬还是酷暑都始终坚持着，锻炼了身体，同时还结交了几个路友，观察来回路上的新闻，让孩子受益颇深。他进入初中三年级后，我们又做了一个重要的决定，送孩子去济宁上寄宿学校。全新的环境，全新的老师，全新的教学理念，全新的教学模式，更深层次地锻炼了孩子的意志。他在学校里慢慢找到了闪光点，找到了自信。

三、帮助孩子脚踏实地走好每一步，挑战极限，超越自我

"早起的鸟儿有虫吃"。我儿子是一个普通的孩子，但我一直希望儿子成为一只勤奋、有志向、自由快乐的鸟儿。本着笨鸟先飞的原则，五年级我就让他先学习了《新概念英语》，这样能省出来时间，充分运用到课堂上听讲。另外，充分利用每个假期，合理安排他每天的学习时间，做到提前预习，这样开学新学期他学习起来不会很吃力，听讲效率也有了保障。

四、教会孩子勇敢直面挫折，善于总结经验

记得有一次儿子考试考砸了，我看试卷这儿粗心那儿是上次犯过的错误，不由得火冒三丈，但是看着儿子低着头十分紧张，我心疼极了，把他拉到怀里，对他说："每一个人都要经历从无知到有知的过程，在学习中难免会有掌握不好的知识，考试正是验证知识掌握程度的方法之一。通过考试你可以发现自己的不足，让你及时得到改正，才能打好基础！勇敢直面挫折和失败，善于总结经验，才能真正走上成功之路。没有考好不要紧，只要你有信心肯努力，妈妈相信你一定能取得更好的成绩，你一定是最棒的！"从那以后，不管大考小考，儿子都会问我："妈妈，小明的妈妈要求他考××分，你希望我考多少分啊？"我总会说："认真审题，成绩一定不会差的，妈妈相信你。"从那以后，儿子再也没有出现过粗心的情况，甚至比以前学习更积极、更主动了，成绩也慢慢排到了前列。从这件事情中我明白了，当孩子遇到失败的时候，更需要的是父母的关心和帮助。分数不是衡量孩子的唯一标准，而是要从考试中了解孩子的知识和掌握程度，家长要帮助分析不足之处，鼓励他及时查漏补缺，这样孩子才能进步。

与孩子一起成长的过程，实际上就是给彼此一个机会：对孩子而言，让他懂得爱的真谛，懂得父母之爱的无私；对我们而言，源于给予孩子我们美好的未来和无比巨大的动力，重温生命的喜悦，向更远更美好的未来前行！

教育和陪伴是生命中的彼此成就

(815班毕睿昂家长)

回顾儿子的成长历程,与其说是我们伴他成长,不如说是彼此之间的互相成就。在儿子的成长过程中,我们深知父母的榜样力量是无法替代的。学校教育侧重于知识的传播,而家庭教育更侧重于道德、个性修养、情商等"软素质"的培养。

2007年春天,我因工作需要调到现在的单位,儿子在单位附近的幼儿园入学。当时孩子爸爸的工作单位离我们百里有余,所以工作和照顾儿子成了我的两大主要事务。如今回顾那几年的时光,虽然忙碌但赋予我们更多的是条理有序的生活、严格有序的自律、乐观积极的性格、坚忍执着的追求!感恩时光的赐予,使儿子圆梦衡中!

一、有条理、有计划地安排时间赋予他的是高效和自律

由于我和儿子都到了新的环境,一切都需要重新适应,而我的工作也比以前繁重,为了能在新的单位中脱颖而出,我几乎每天都要把工作带回家。但照顾儿子也不能因工作而受影响,可叹无分身之术只能合理分配每天的时间,兼顾工作的同时又要抽时间陪伴儿子。这些儿子都看在眼里,这些行为也在潜移默化地影响着他。所以儿子从小就不会拖拉。尤其上学后他自己的学习任务安排得井井有条,寒暑假会列出适合自己的计划。正是因为他对时间的合理有效利用,使他对事情的完成高效有序。记得他上小学时班主任曾打趣说:"我晚上的家庭作业还没有在黑板上布置完,你儿子几乎就能完成了!"

制订了合理的计划,也要有严格的执行力,这就是自律。每个孩子对动画片都是无"免疫力"的,即使他的计划安排得非常有序,有时也会被好看的动画片打乱。对此,我会和他商量看电视的时间,倾听他的想法,把对时间的掌控权和对这件事情的自主权交给他，只是提出我的一点意见，培养他的自律。所以后来上中学后他即使有了自己的手机，我也从未干涉过他对手机的使用，因为这种自律对他来说已经成为一种习惯。

二、爱和乐观、进取伴他成长

爱孩子是为人父母的本能，然而会爱孩子却是一种能力、一种艺术。可以说我们对孩子的爱既感性又理性，而这种爱需要良好的家庭环境才能得以展示和蔓延。一个好的家庭环境影响和决定孩子的性格养成及以后的成长之路，所以"和谐""大度""幽默""民主"和"爱"是我们家里的主旋律。爸爸的幽默风趣、妈妈的细心呵护伴随着他的成长！

教育孩子就应该做一个有进取心的家长。我们在工作中取得的成绩会与他分享，通过和他分享成功的喜悦来感染他，让他感受到品尝成功的甘甜需要拼搏进取的浇灌。

在爱中成长的孩子往往是积极乐观的。记得一次考试由于历史成绩不理想，导致他的总成绩由年级第一名滑落到年级第八名。他笑嘻嘻地对我说："妈，太感谢这次考试了！因为我平时没有注重对历史的学习，所以我知道了学习来不得半点偷工减料。"正是这种面对挫折的乐观心态才能使他在衡中这个人才济济的环境中越战越勇！

爱，不是保孩子一世无忧，而是教孩子成才。等孩子能力具备，能独立自主生活时，哪怕离开父母独闯天涯，父母亦无忧！

三、自信的人生洒满阳光

毛主席曾说过："自信人生二百年，会当击水三千里！"自信是人生的一种态度，更是人生的一种力量。在孩子成长的过程中，自信需要他自己在成功中逐渐建立，但也需要我们家长积极正确地引导。所以从小我会根据实际情况让他体验拼搏后的成功，从中让他体会到成功并非信手拈来，借以磨炼他的意志，提升他的自信。当然了，人无完人，每个人都有不如别人的地方，我从不也绝不会拿孩子的短处和别的孩子的长处比较。但我也不会回避而是积极正确地面对和引导。我会告诉他，如果他这样做，妈妈相信他也一定会做得更好。家长给予他的是合理的建议，更是一种信任，提升的是他的自信。

如今，儿子成为别人眼中公认的阳光男子汉！相信他自信的人生将洒满阳光!

　　陪孩子慢慢成长的过程中,我们努力工作、热爱生活,我相信身教的魅力就是将积极的正能量传递给孩子。

　　孩子的乐观向上也让我们父母的心里每日都如盛开的花般灿烂,好的教育是我和儿子的彼此成就!

好父母教出好孩子

(816班李学苑家长)

在众多关于教育的论述中,我独爱教育家雅斯贝尔斯的一句话,他说:"真正的教育是用一棵树去摇动另一棵树,用一朵云去推动另一朵云,用一个灵魂去唤醒另一个灵魂。"

我想,家庭教育亦是如此。孩子从一个一无所知的幼儿逐渐认知这个世界,逐渐形成自己的习惯,逐渐形成自己对这个世界的看法与思考,逐渐成长为有朝气、有理想、有追求的人,从这个层面来说,教育孩子是个长期、多方面、多层次地逐渐引导和孩子自我努力的过程。在这期间家庭教育和家长影响无疑是十分重要的。

我小时候就喜欢看书,多受我父亲喜欢看书的影响,后来我一直喜欢看书,涉猎多方面的书籍,家里最多的就是书籍,希望书籍会给孩子带来读书氛围。在孩子两岁多的时候我们就开始教孩子认字,到她上学前班的时候就已经认识三千多个汉字了。我出差也好,在邢台也好,总给她买书看。孩子从看成套的小人书到看长篇儿童小说,像《草房子》《青铜葵花》等,后来看历史故事、长篇小说等,这些对孩子的语言课程、思考和思想都起到了一定的促进作用。孩子从小学到中学成绩都很优异,善于演讲。以后我还要让孩子阅读更多的书籍,因为只有涉猎更广泛的知识,才会拓宽视野,以更大格局和不同的知识、层次、思维来思考问题、认识事物,才会具有全面性、深刻性、科学性,孩子才会走得更远。

孩子的学习和习惯养成本质就是自我管理问题,就是如何自我管理生活、管理学习问题。我们从自我约束、管理自己做起,并没有想怎么管孩子,而是培养孩子的自我管理能力。比如,一定要完成作业再去玩,养成自我掌控时间的能力。比如,做带答案的作业一定要独立做完再去对答案,检验自己的完成情况。所有这些习惯的养成都需要孩子学会自己管理自己,即使父母不在身边也能主动去做并且做好。

除了做好自己的事,我们喜欢和孩子认真讨论每一个问题,当孩子没有想到时也主动引导孩子学会对周围的事物提出疑问,即使是别人看似习以为常的事物。比如,为什么大多山顶上有寺庙?为什么当今世界有七十多亿人口?为什么中国历史上每个朝代大多两百多年?为什么法院台阶都比较多?甚至走进一个饭店都要问这个饭店如此设计有什么好处。这些涉及生物学、历史学、宗教学、建筑学、消费心理学、哲学、神经学、认知心理学等方面的日常问题,无疑会让孩子从多方面来理解、思考这个世界,以相互联系、不断进化、多学科思维认识问题,提高分析问题的能力。

对孩子在成长过程中遇到的挫折,我们要主动帮助孩子分析,帮助孩子越过障碍。我记得孩子3岁左右去公园玩,正赶上公园跨路埋设水管挖了一道小沟,孩子不敢跨过去。我示范、扶着、鼓励孩子学会独立跨过小沟,让孩子知道不断战胜困难是快乐的。在学习中,我们教导孩子在考试中正确面对挫折和困难,始终以自我学到的知识为出发点,以自己的最终目标为专注点,成绩不好时认识到查漏补缺的重要性,成绩好时更要看到与最终目标的差距,一切向着自我梦想拼搏,专注是成功的最重要保证。

在教育孩子的过程中,我们也得到了很多的快乐,看到孩子就看到了以前的自己。我们深知每个孩子都要在经历中成长,越来越感到新一代的孩子比我们更聪明、更有智慧。我们虽然现在比孩子阅历多一点,但我们会尊重成长规律,即使可能有挫折也尊重孩子独立、勇敢地去思考、去探索、去实现梦想,因为只有这样他们才会获得充实、快乐的人生。

孩子有幸在美好的年华,在这么好的中学读书,有这么好的老师谆谆教导,有这么优秀的同学为伴,我们的孩子越来越阳光、越来越独立、越来越努力,我们和衡中的师生们一道加油、喝彩!衷心感谢衡中的老师们,作为家长,我愿做学校教育的坚强后盾,助力孩子走向辉煌!

相信孩子，相信自己，未来才会真正美好

（817班李浩晖家长）

每个家长都是孩子的第一任老师，也是孩子一生的老师。家长对孩子的教育是学校教育的有益补充。把孩子培养成身心健康、对社会有用的人才是每个家长的迫切要求和希望。作为家长，我平时不断地学习，努力让我的儿子在和谐和感恩的环境中健康快乐地成长、成人、成才。

一、让孩子养成良好习惯

从浩晖上幼儿园开始，只要老师布置了作业，我就要求他每天放学回家第一时间完成，然后才能出去和小朋友们玩。另一个习惯是自己的事情自己做，包括去学校前自己收拾需要带到学校的学习用品和生活用品。这些事，每次他都做得很认真。从幼儿园到高中，这么多次的放学、放假，他从没有落下过东西。还有就是做事有条理的习惯。我经常和他爸爸讲我上师范时的一件事：有一天晚上我们都回宿舍了，一位同学想借我的书，当时我走不开就让她自己去教室拿，我告诉她那本书是第一排从右数的第四本。同学拿到书后很惊讶。平时家里的物品摆放我总是非常有条理，所以，他平时做事和放置物品也是非常有条理的。这些习惯我觉得对他的学习也是有很大帮助的。

二、让孩子保持良好心态

我认为，心态好，状态佳，孩子就能取得好成绩。作为高中生的家长，除了要做好孩子的生活后勤工作，更多的是要关注孩子的情绪变化。两年来，我想得最多、做得最多的就是如何让孩子调整好情绪，如何让孩子以良好的心态投入紧张的学习生活中去。我经常对孩子说学习成绩在学校的排名不重要，重要的是平时的学习过程，要坦然对待考试成绩。有时孩子觉得成绩不理想，我总是开导他不要太计较一时的失利，只要努力了就行。

所以，孩子就不会有压力，可以轻装上阵，迎接下一轮的考试。

三、让孩子懂得孝顺

百善孝为先，这是我们教育孩子的根本，是家长朋友应持有的最根本的理念，是其他理念的前提。一个家庭的根基就像大树的根部一样，如果我们的根部出了问题，这棵树就不可能枝繁叶茂，更不会结出甜美的果实。对我们每个家庭来说，老人就是我们的根，我们是枝干，孩子是花和果，我们应将养分施于根部，而不是花和果。我们平时经常给双方老人买东西或专门和他们吃饭、唠家常，在温度适宜时开车带老人出去旅游、散心。孩子每次放假，哪怕在家只有一个晚上的时间，我们也要求他去看望爷爷和奶奶。现在孩子养成了习惯，只要回到家第一时间就去爷爷奶奶家，聊天，吃饭。我总认为，孝顺的孩子一定错不了，一个不懂得孝顺的孩子成绩再好也是无源之水，不懂得孝顺的孩子成绩越好越会看不起父母。话说回来，孝顺的孩子成绩不会差到哪里去。

四、让孩子看到家长的成长

我们不能故步自封。善于学习的家长会潜移默化地影响孩子，家长不用在孩子面前炫耀自己的努力和进步，孩子会看得到也能感受得到。我们的做法是孩子在家时不看电脑和手机，把时间用在更值得的地方，比如，健身和学习（可以是自己专业内的，也可以是自己感兴趣的专业以外的），每年给自己制定一个目标并去践行实现。我及时告诉孩子，他爸爸在工作中取得的一些成绩和得到的荣誉，让他以父母为荣，从而激发孩子的进取心。2019年11月，他爸爸参加了在上海举行的第二届进口博览会。我把出席证挂在客厅的墙上，孩子回家看到后很惊讶，露出羡慕的眼神。我感觉这个小小的出席证，会在孩子内心产生超能量。

五、让孩子感受家庭的温馨

夫妻恩爱和睦，孩子性格开朗阳光。世界上没有一个十全十美的人，更没有十全十美的婚姻，茫茫人海走到一起就是独一无二的缘分，多找对方的优点，多感恩对方，给孩子创造一个相对温暖和谐的家庭氛围，适当在孩子面前表达对配偶的爱，让孩子感到父母和睦温馨，不但有利于孩子心智的健康成长，还会影响到他未来对婚姻的态度和质量。

最重要的是，单靠父亲或者母亲的力量永远是有限的，更是缺失的，不完善的；父母必须彼此恩爱，共同对孩子负起责任来，让孩子感受到家庭的温暖，才能真正将孩子培养成一个健全的人。做不到这一点，任何教育方式都是徒劳的。其中最关键的是，父母要相信孩子，放低自己的身段，不要在孩子面前逞强，有时候甚至要示弱。因为一个人真正强大是在内心而不是在表面。况且，孩子永远不会听我们怎么说，他只会看我们怎么做。在教育孩子方面，我要跟家长朋友们说一句：相信孩子，相信自己，我们和孩子的未来才会真正美好。

我伴你成长，你使我成功

（817班王浩宇家长）

为人父母者，一生中应完成的任务，总结起来不过区区两件事：一是在社会中实现自我，获得事业的成功；二是教育好自己的孩子，完成自我延续的重要部分。教育孩子，从与孩子共同生活的时间、在孩子心目中的地位、教育孩子如何做人到对孩子的言传身教，家长都任重而道远。

孩子的成长是立体的、多方位的，对孩子的教育也应是立体的、多方位的，如果只依赖学校教育而忽视家庭教育，对孩子的成长也是一种缺憾。

我们到底要把孩子培育成什么样的人，这是关键的问题。家长首先要弄清楚，不然会在教育和培养过程中出现盲目性，且培养的结果可能会大失所望。

在此，我想通过生活中的一些想法和做法与大家分享。

一、培养孩子养成良好的学习习惯

良好的学习习惯可以使人受益终身。一个孩子是否已经养成了良好的学习习惯，其实是可以从许多方面体现出来的。比如，是否能及时地完成老师布置的家庭作业、字迹是否工整、不需要家长陪同是否自觉地学习、是否爱惜书本和学习用品，等等。

碰到一些与儿子同龄孩子的家长，我经常听到他们抱怨自家的孩子每天的家庭作业并不多却很晚才能完成。儿子刚开始学习时也出现过这样的现象，于是，我想到一个方法，我先告诉他每门功课大概需要多少时间完成，再在孩子每门功课的作业本上写上他做作业的时间和完成时间，然后与老师沟通好共同来监督和督促。久而久之，他改掉了磨蹭的坏习惯。

儿子上小学一年级时我常告诉他："一个学生是否爱学习只要看他的书包是否整洁、书本是否完整。爱学习的学生会爱惜书本，同时也会爱惜其他的学习用品。"时至今日，儿子基本上做到了这一点，这使我感到很欣慰。

良好的学习习惯并非一朝一夕能养成的。作为父母的我们应该多与老师沟通，及时发现问题并及时改正。

二、给孩子创造良好的生活和学习环境

常言道环境造就人。给孩子创造一个良好的生活和学习环境是每个家长应该做到的。良好的环境并非一定是建立在经济条件上的，很多的优秀学生也并非来自富裕的家庭。所谓良好环境是指给孩子安静、和谐、文明的坏境。就拿孩子做作业来说吧，每当他做作业的时候，我们就会陪在他身边，做一些自己的工作，给孩子的印象是爸爸妈妈都在努力工作，孩子也会努力学习，为了美好的明天一起努力。

现如今家庭生活水平都提高了，一些家庭的娱乐生活也丰富了起来，有些家长经常在家中打麻将和扑克牌，既影响了孩子的学习也会给孩子在心理上造成不良影响。对这种行为切不可不以为意，常言道"榜样的力量是无穷的"。父母是孩子最好的榜样，要让孩子健康地成长，父母尤其应当注意自己的行为，为孩子做出示范。

三、和孩子做朋友

我们偶尔会在电视上、报纸上看到哪家的孩子得了抑郁症、哪家的孩子离家出走、哪家的孩子自杀，触目惊心。我想原因应该有许多种，其中缺少沟通应该是主要的原因。

家长要与孩子建立一种平等的朋友关系并学会与孩子沟通，让孩子愿意把自己的想法和看法说给父母听，要学会做孩子的倾听者。

平时如果有时间和机会，可以和孩子一起讨论孩子感兴趣的话题。家长不要把他们当小孩，家里发生的小事也可以和孩子商量，让他们感觉到和大人是平等的，让孩子在心理上感觉和家长之间没有距离感。

四、不可忽视对孩子的思想道德教育

首先家长要充分认识"德是为人之本"的道理，"重智轻德"的教育是教育道路上的致命错误。为了不让孩子在做人的基本原则上栽跟头，家长在注重孩子的学习时千万不可忽视了孩子的思想道德教育。"杀人犯"马加爵是众所周知的十恶不赦之徒，他的故事可以作为我们家长值得警醒的教育案例。我们要培养孩子一颗善良、仁慈的心，懂得去关爱别人，所以教育应从小抓起。

衡中故事

当今是一个竞争激烈的时代,所以从小就要培养孩子的竞争意识,敢于迎接挑战的精神。学习上我常鼓励儿子说:"你太棒了,这么难的知识都能答对,妈妈真的好佩服你啊。"他一听就很高兴,而且还调动了学习积极性。当他遇到困难时,我不断地给他打气,此时我也会和孩子一起努力,用实际行动感染他,也达到了品德教育的目的。

愿我们的家长能多花点精力在家庭教育上,让幸福永远围绕在孩子身边,多些快乐少些烦恼,让孩子在今后的成长道路上成为一个出色的人。

我与儿子共成长

（847班申锐达家长）

孩子需要父母的爱、鼓励、理解和尊重，而不是一味地责骂！

自从儿子升入高中便不再接受我的管理，原来乖乖听话的孩子跟我发生了无数次的争吵。看着初中时跟儿子成绩差不多甚至有的还不如他的同学都超过了儿子，我心里很着急，简单地认为他没好好学习、偷懒才导致了这个结果，所以每次等他放假回来都少不了一顿教育和责备，可大多时候却是我讲一大堆道理，孩子一言不发，被逼问得没办法了才勉强回一个"嗯"。这样苦口婆心的劝导并没什么效果，他的成绩还是不断下滑。我焦急地联系了一对一的辅导老师，在这个问题上我俩又发生了争吵，儿子坚决认为这没什么效果，说什么也不去参加社会上的辅导班。

寒假期间，我更是加紧了对儿子的督促，甚至大年初一也让他抓紧时间写作业，以至新年第一天的早晨儿子默默地流泪。看着原来活泼开朗的儿子逐渐变得郁郁寡欢、沉默寡言，我猛然意识到我从未和孩子真正沟通过，没了解孩子心里是怎么想的、学习生活中有哪些压力和困惑，我只是按照自己认为的去责备孩子，我才是不合格的家长呀！

我扪心自问我是爱孩子还是爱孩子的成绩，如果孩子不优秀，我就不爱他了吗？答案是否定的，不管孩子优秀与否，我一样爱他！孩子成绩下滑遇到困难了，更需要家长的爱和鼓励呀！一味地向孩子要成绩，我们当父母的又做了些什么？我反复地剖析自己，经过慎重地考虑，我和孩子爸决定从以下几方面改正。

第一，孩子放假回到家，给孩子一个有爱和温馨的环境，让孩子感受到家的温暖，适当地放松调节自己，为孩子加油，让孩子开学后毫无思想负担地投入下一轮紧张的学习中去。

第二，多和孩子谈心、沟通，了解孩子内心的真正想法。孩子的学习成绩有起伏很正常，进步时需要家长的肯定和表扬，退步时更需要心平气和地和孩子沟通，找出问题所在并促使其积极改正。要鼓励孩子不气馁，而不是简单粗暴、不问缘由地责骂！

第三，理解和尊重孩子，遇事多和孩子商量，多站在孩子的角度想问题，多听取孩子的意见。跟青春期的孩子搞好关系，孩子才不会有那么多"叛逆"的情绪产生，家长才能和孩子共同进步。

制定了措施就要去执行，我和孩子爸爸首先从自身做起。孩子学习的时候，我们也会坚决地放下手机，跟孩子一起看书学习，营造良好的家庭学习氛围。孩子学习之余，我们心平气和地多和孩子沟通。通过以上措施，终于了解到，孩子的"叛逆"是因为我们监管太严，时刻要求孩子学习让他感觉到窒息，没有放松的时间。是呀，时刻处于紧张的情绪之中只会适得其反，张弛有度才是科学的。了解到这些，我们也和孩子商量了学习和休闲的时间分配问题，二者不是对立的关系而是互相促进的。还有就是要正确地对待孩子的考试成绩，以前无论是调考成绩还是作业成绩我都非常在意，看到成绩下降了就非常焦虑，必然会给孩子打电话或严厉或苦口婆心地劝说，从实际效果来看百害而无一益。反过来想想，是我这个做家长的没有正确对待这个问题，孩子在学习的过程中做错了在所难免，重要的是这不也正好暴露出孩子学习中薄弱的地方吗？做错题不用怕，找出问题所在，努力改正了就是进步。所以，我现在一直鼓励孩子大胆地去做题、尝试，主动去发现自己的错误、薄弱之处，争取更大的进步！

经过一段时间的努力，孩子的脸上又重新洋溢着自信的笑容，学习成绩也明显提高了。我们不要做让孩子感到窒息的控制型父母，给孩子空间，多点理解和尊重，相信孩子会更加茁壮地成长！

教育孩子要做到四个"做"

（847班耿佳浩家长）

一、做孩子的朋友

我出生于一个传统的农村家庭，父辈和我都是在"棍棒之下出孝子"的土教育理念下长大的，我也多少受这个观念的影响。因此，在儿子上幼儿园的时候，我几乎都采取"专制"的态度去教育他，我说什么他必须听，否则就大声呵斥，事后又觉得后悔。表面上看来，这种方式似乎有效果，一看我阴沉着脸儿子就立马不作声，一副战战兢兢的模样。久之，我发现事与愿违，儿子对我的"臣服"只是一种假象，甚至有逆反心理，偶尔爆发出来，表现为在我的声色俱厉"教育"下大哭不止，这种哭充满怨恨和不满。后来，我慢慢反思，开始尝试和儿子做朋友。遇到他犯错想发脾气时，我努力克制自己，先轻声细语地问清楚事情的缘由，再耐心和他讲道理。当然，有些话他不一定能完全理解。但交流次数多了，孩子也逐渐开始接受我的这种交流方式，更重要的是，这种和谐的言语和姿态比起粗暴的教训让孩子更容易接受。成了"朋友"，我们之间的沟通就深入多了。渐渐地，孩子开始变得乖巧了，虽然性格天性率直还有些倔强，但还是有不小的进步。儿子小时候性格特别犟，喜欢和人争执，发起脾气来有时连鞋都扔掉，经过引导现在变得温和多了，在待人接物的过程中能做到热情懂事、大方得体，特别是在和小朋友的相处中有明显的进步。尤其值得骄傲的是，儿子非常活泼，语言表达能力很强，经常出其不意地说出一些很漂亮的话来，令我这个做父亲的都感到惊喜。用其他孩子家长的话来说，"耿佳浩很聪明，很会说话"。

二、做孩子的榜样

家长是孩子的第一任老师，此话一点不假，所谓言传身教非常重要。起初我并未注意到这些，比如，因工作性质的需要和自己的性格特点使然，我经常在外应酬。有一天儿子说："爸爸经常在外面吃饭，不陪我们。"这样的话从儿子口中说出来，我心里一惊。虽然有时应酬是身不由己，但在孩子天真无邪的眼里，我这种生活方式显然是"不健康"的，这让我不得不反思，我的言行举止和生活习惯对孩子影响之大出乎我的意料。我开始注意，在儿子面前做一个"好爸爸"。做给孩子看，带着孩子干，最为有效。我和儿子在一起的时候，时时提醒自己，该说什么不该说什么，该做什么不该做什么。在细节上更为注意，从礼貌待人、不乱扔果皮纸屑、不浪费一粒粮食做起，给儿子树立一个榜样。在我潜移默化的影响下，如今儿子也变得越来越懂事了，对老师和长辈很尊重，对同学也很热情，路上见到主动打招呼。我平时喜欢看书和写作，读书和创作已成习惯，因此常带儿子去新华书店或是县图书馆看书，也常给儿子买书。儿子深受影响，从小特别喜欢读书，经常独自一人在新华书店安静地待上几个小时。儿子看书经常会看得入迷，有时周末催他睡觉，他甚至等我回房间后还要偷偷爬起来看书。

三、做孩子的保姆

在做孩子的保姆这一点上，几乎每个家长天性就如此，但如何做好这个保姆也不是那么简单的。除了日常的吃喝拉撒，我们更应该做好一个"精神保姆"。孩子的心思没有我们想象得那么复杂，但也不是我们认为得那么简单。孩子有孩子的心情，有孩子的内心世界，喜怒哀乐都是有其一定的原因的。作为家长，千万不能对孩子的情绪不闻不问。我起初对孩子的心情并不是很关心，觉得小孩嘛，哭哭闹闹、嘻嘻笑笑都无关紧要，只要吃好穿暖就万事大吉。特别是如今每家基本都只有一个小孩，生活条件都不是很差。事实上并非如此，如今的小孩心智成熟相对更早。就拿我儿子来说，他在学校里的点点滴滴都有可能体现在情绪的变化上：和同学吵架了，受老师批评或是表扬了，当班干部了，被撤职了，考试成绩好或差，很多时候一眼就能看出来。我发现这个问题后，开始关注孩子的情绪变化，并主动去过问、了解，让孩子觉得父亲时时刻刻都在关心自己。了解情况之后就事论事，积极帮儿子出谋划策，发现他做错的地方就正确引导，他有困难了就出点子、想主意，积极解决。这样一来，孩子的烦心事就能及时化解，有利于帮助孩子保持一个阳光健康的生活状态。得益于我的这种引导，儿子自小就是个乐天派，即使遇到挫折也能够很快化解内心的阴影，走出不愉快的心境。平时和人接触，特别容易和别人混熟，能很快融入陌生的环境。每次到一个全新的地方，都能迅速融入新圈子，和小朋友玩得热火朝天。性格的这种发展趋势，对儿子以后的成长是非常有益的。

四、做孩子的对手

做孩子的对手这方面，可能是很多家长没有想到的。其实，人都是需要在一个竞争的环境中成长的，也可称为"逆境教育"的一个范畴。孩子也一样，没有竞争就没有进步。我这里所说的"对手"，不是那种针锋相对地对着干，而是在学习抑或是积累生活经验方面和孩子一起竞赛。比如，我平时就经常和孩子一起玩成语接龙，玩的时候有时故意输给孩子，让他感觉到良性竞争的快乐，积累知识于无形。争强好胜是人的天性，孩子也一样，在有对手的情况下，有时更能激发出孩子的潜能。在生活里的很多场合，我刻意和孩子玩竞赛游戏，包括吃饭、下棋、放风筝、看书背成语，等等。别小看了这种小竞赛，实则能培养孩子不怕对手、勇于竞争的心理状态。当前的社会处处充满了竞争，以后孩子面对的生活更是如此，靠心理素质和实力说话，没有一种良好的、向上的、无惧无畏的精神是难以立足的。我在孩子尚小、心理不成熟的时候，适时合理地和孩子做"对手"，是为了让孩子在今后的人生道路上真正遇到强大的对手时能够不胆怯，笑脸相迎横在路上的种种难题。很多人都说我儿子很自信，老师也说他上课总是积极发言，几乎每次提问都举手。这种自信也体现在日常生活的其他方面，特别是在和别人的接触和交流中。源于这种自信和胆量，儿子很多时候总能表现得落落大方、惹人喜爱，也时常听到别人夸他聪明伶俐、能说会道。

家庭教育需润物无声

(858班李昊阳家长)

时光的脚步总是太过匆匆，不知不觉中，好像一夜春雨，那个软绵绵的我都不敢触碰的小肉球便长成了我需仰视的知书明理的阳光少年。

拿破仑曾经说过"推动摇篮的手，就是推动地球的手"，一个孩子品德是否高尚、习惯是否良好、人格是否健全都与家长的素质和家庭教育有着极为密切的关系。在时光的长河里，父母能够陪伴孩子的时间不过弹指一挥间，在这有限的时间里，最有效的教育是随时随地潜移默化地熏陶和影响。诗圣杜甫写过这样的名句："好雨知时节，当春乃发生。随风潜入夜，润物细无声。"我们教育孩子，也应犹如知时节的好雨，顺应孩子的成长规律，针对孩子不同年龄阶段身心发展的不同特点，让教育如春雨一样"随风潜入夜，润物细无声"。每个孩子都是一张洁白的纸，我们要培养什么样的孩子就拿起什么颜色的画笔，倾注什么样的感情。在家长有意识的滋养下，孩子会如春起之苗，渐渐成长为你所希望的样子。

自从生了儿子，我就感到责任的重大。既然是儿子，就要把他培养成"铁肩担道义，巨手换新天"的男子汉，因为他要承受的是"男人"这重若千斤的称呼。都知道男孩要穷养，从儿子出生的那一天起，我就有意识地培养他男子汉的作风：跌倒了，告诉他"自己爬起来"；胆怯了，告诉他"你可以做得更好"；犯错误了，告诉他"好汉做事好汉当"。

儿子蹒跚学步的时候，我带他出去玩儿总是把小水壶给他背在身上；儿子上幼儿园的时候，每次都是自己背着自己收拾好的小书包。随着儿子的长大，活动的范围越来越广，背包也越来越沉重。不管路途远近、行程长短，每次出门我都是两手空空，儿子则是负责包括拉杆箱、双肩包在内的所有行囊，甚至我小小的手提包也会拎在他的手上。幼时的儿子瘦瘦小小，鼓鼓囊囊的背包像一座小山压在他的身上，一个个手提袋把儿子的胳膊拉得更加细长。凝视着儿子的背影，为了防止心疼的泪水滑落，眼眶被我硬生生地忍得发疼。真想接过儿子背负的一切啊，但是我不能，我不能因为一时的疼爱亲手掐断儿子的责任与担当。无论走过多美的风景，我的眼中只有儿子不断晃动的模糊的身影。儿子不断长大，行囊好像逐渐缩小，我终于摆脱了心疼儿子的煎熬，一路心安理得地享受儿子贴心的照料。不管是在熙熙攘攘的人群里，还是在幽深静谧的林荫小道上，只要儿子手中没有东西，他总会用一只手挽着我的胳膊，配合我走路的节奏，迁就我走路的步伐，和我并肩走在一起。如果负重前行，遇到陡坡或者沟沟坎坎，他会腾出手搀扶我一下，或者放下东西专程折回来接我一趟。他的胳膊虽然瘦弱但温暖有力，借着儿子的外力，走再多的路、爬再陡的坡也不觉得累。很荣幸，我成了儿子理所当然的又一份行囊。

暑假去桂林，在排队候机的过程中，儿子照样是肩背手提，我照样是双手闲得无处摆放。放眼四周，像我一样悠闲的人没有几个，幸福指数瞬间爆表，我发自内心地感叹道："有个大儿子真好！"习惯了我的甜言蜜语，儿子当然无动于衷。猛然抬头，发现身边一个比儿子略大几岁的少年正在注视着我和儿子，目光专注而若有所思。片刻之后，他大步走到一位长者身边，从他的肩上解下双肩包背在自己肩上。也许是包的重量超乎孩子的承受力，孩子的肩膀猛然往下沉了沉，不过瞬间，孩子又把脊背重新挺直了。他又接过了长者手中的拉杆箱，动作生疏但是毫不拖泥带水。看样子应该是一对父子。父亲先是满脸惊讶，像一个木偶一样任凭儿子摆布，等回过神来，大大的笑容挂在嘴角眉梢，搓着双手跟在儿子的身后。他们的背影消失在我的视线里，但我分明看到父亲的笑容持续了很久很久。一棵树摇动了另一棵树，儿子的行动"润物无声"地影响了另一个人。我相信，从今以后，这世上又多了一个肩能背手能提的少年。今天，他背负的只是一个行囊；将来，他背负的一定是全家的责任与担当，甚至是整个民族的使命和希望。

随着儿子入学衡中，我们已经正式步入了聚少离多的时光，认真负责的每一位老师比我更加勤勉地关注着儿子。为了更好地服务大家，他不怕耽误学习时间，主动承担学生会、课代表、班干部等多重重任。为了带动全班同学参与运动会的积极性，他积极报名一千米项目，尽管他的身体素

衡中故事

质并不怎么好。我依然有足够多的时间继续默默地仰视他,依然能够在幸福中期待他的生命更加美丽地绽放,依然能够亲眼看到他用拼搏和汗水在这个世界踩下最深的足迹,留下最美的烙印。也许等不上一场冬雪,那个明亮的少年就会化为雄鹰翱翔在广阔无垠的天际。

家有小女在成长

（867班白婧家长）

家庭是人生的第一所学校。我们作为家长一直注重家校联系、家校共育。白婧就读高二，成绩稳中有升。孩子的学习是主动的、目标是明确的，有着远大的理想和家国情怀，有着正确的世界观、价值观和人生观。从孩子的现状来看，我觉得我们配合学校的家庭教育方法是正确的、成功的。下面谈谈我的感悟。

一、独立能力的培养很重要

我和孩子爸爸注重对孩子独立能力的培养，总是善于适时放手，因此孩子从小独立，进入衡水中学后，很快就适应了校园生活，没有半点儿让我们担心的。记得高一上学期末，我问白婧："去衡中后悔吗？"闺女答："不后悔，不去衡中我怎么会见到杨利伟在内的那么多的名人，怎么会遇到这么优秀的老师和同学？"听到闺女的回答我很开心，闺女的话语里满满的都是对学校的喜爱和自豪。我又接着说："闺女，吃点儿苦吧，三年的付出会有你意想不到的收获，高中是人生的一个重要里程碑。"闺女马上反驳道："有啥苦的，吃得好，住得好……"这时，我完全放心了，感觉闺女真的长大了，我从心里感谢衡中的老师。

二、以身作则，榜样的力量是无穷的

我和孩子爸爸在工作中兢兢业业，辛勤付出，乐于奉献，从不抱怨。闺女也性格开朗，积极参与，善于表现，敢于尝试。比如，高一、高二两次"十佳班长"竞选闺女都参加了，结果复赛没有通过。我对闺女说："在这个过程中，你参与了，看到了同伴的努力和优秀，自己得到了锻炼和提升，棒棒哒！"闺女也很开心，觉得挑战了自我，本身就是进步。

闺女喜欢阅读和写作，我怕她因为学业繁忙而丢了好习惯。每次休息或放假，我总是跟闺女说："把你看到的好文章分享给妈妈，妈妈看到好的也分享给你。"因此，我们常常互相推荐文章、书籍，在阅读中产生共鸣。

本学期初，在闺女的推荐下，我认真品读了《平凡的世界》。闺女给我讲作者路遥先生的写作背景，我给闺女分析"文化大革命"时期老一辈的生活现状。我们谈论里边的每个人物、每个细节，时而大笑、时而沉思、时而落泪，感受那个时期的文化背景、人物品格，更被作者的写作而感动。有时我会对闺女说："给妈妈推荐个节目吧！"闺女推荐的是《朗读者》《中国诗词大会》《最强大脑》等，最近我们还一起看了《主持人大赛》。我觉得这本身就是一种正向的引导、有效的陪伴。

我与闺女共成长。我善于做规划、做计划，闺女上初中我正好成为一所即将搬迁新址的幼儿园园长。我和闺女约定，利用3年时间做好规划，各自做好自己的事情：我的目标是让幼儿园步入规范，闺女的目标是考上一所好的高中。3年后，在我的努力下幼儿园得到了社会各界的认可，闺女也顺利进入衡水中学。下一个3年，我和闺女约定：妈妈带动幼儿园发展，办成具有引领作用的示范性幼儿园；闺女努力考上理想的大学。

孩子爸爸一直是我们的坚强后盾，默默支持我们。全家人互相支持，一起努力，共同进步，一直不忘初心、砥砺前行，同时享受着前行的快乐。

三、正确对待分数、名次

对待分数，我和白婧爸爸的宗旨是：和孩子站在一起打败问题，坚决不能和问题站在一起打败孩子。孩子成绩好，及时表扬，鼓励其继续努力；当成绩不尽如人意时，肯定她的付出，和孩子一起分析其中的原因，总结经验教训。这样面对成绩时，孩子没有压力，只有动力。

四、善于倾听，建立良好的亲子关系

我们一家三口是朋友关系，我们认真倾听孩子的心声，闺女总是有很多关于学校的、老师的、同学的故事，满满的正能量，我们听着都能感受到衡中蓬勃向上的生活、学习氛围，为闺女能在衡中上学而感到高兴。我在工作、生活中的喜悦、苦恼也会对闺女说，我们总是能愉快地交流。

在这样的家庭环境里，孩子总是乐意把她的事情分享给我们。闺女常常讲同学的优秀，懂得欣赏别人也是一种可贵的品质。

家有小女在成长，我们和闺女共成长！我们热爱生活，感受生活的幸福和美好，愿生活因我们而更精彩！

教育孩子,家长也是学习者

(869班王欣然家长)

一、让孩子拥有一个快乐的童年

快乐是生活的重要目标,快乐的童年是基础。

1.不要给孩子太大的压力,孩子天性就爱玩。作为2000年后出生的这一代已经到处都是辅导班与兴趣班了,从幼儿园到小学我没给孩子报兴趣班和辅导班,让孩子拥有自己的自由空间,每天完成功课后可以做自己想做的,不干涉,让孩子拥有一片属于她的小天地。

孩子在小学五年级下学期的时候,我和她沟通参加课外辅导,最终孩子只选择了英语新概念,并且一直坚持到初二新概念二学习结束。由于课外辅导班不是孩子被动的选择,所以在学习过程中一直是积极努力的。直到现在每每提起英语学科,孩子都会说新概念的学习对她的英语帮助非常大。

2.了解孩子的内心世界,和孩子融洽相处成为朋友,让孩子把她的想法告诉你,哪怕再可笑和幼稚也要认真听,这样孩子会更加信任你、尊重你。在孩子犯错时及时纠正,并告诉孩子错的原因和如何改正等,让孩子懂得知错必改就是好孩子。我对孩子内心世界的了解是通过我们每天晚上躺在床上睡前聊天进行的,孩子小学阶段我们已经养成了这样的聊天习惯。睡前身心比较放松,我先主动聊到我这一天的工作,工作中遇到的高兴的事、困难的事、人与人之间的事,请孩子给我建议。慢慢地,孩子就会说她自己在学校里班级里一天发生的事,我会帮她分析事情的对错,建议如何处理,分角色地假定我是老师、我是同学、我是她如何处理。这个过程既了解了孩子又对孩子进行了引导教育,一举两得。

3.假期带孩子一起去旅游,让孩子体会大自然的美好,不仅开阔了孩子的视野,也增长了孩子的知识面。让孩子多与小朋友接触,一起玩耍,这样孩子不会感到孤单，会感受到自己是幸福和快乐的。每年暑假我基本都会约上公司同事或朋友或同学以家庭为单位一起去旅游，孩子们在一起也很熟悉，既达到了游玩的目的又增进了孩子之间的感情。叔叔家的弟弟妹妹们现在读初中，都以姐姐为榜样，有时候孩子放假还去帮助弟弟妹妹们进行学习辅导与心理沟通工作。

4.多些赞美，少些责备。如果孩子做得不好，就让她和以前的自己比较，不要总是拿自己的孩子和别人家的孩子去比较，这会让她觉得我们不爱她，觉得自己什么都不如别人，缺乏自信。不要让孩子背负这样的压力。理想与目标要切合实际，超越自己就好。

二、让孩子学会管理时间

管理时间是人生必备技能之一，掌握它就可以收获更加高效、充实、健康、有意义的人生。孩子通过合理安排时间，可以掌握做事情的计划性，养成好的学习习惯。

孩子小学一年级快结束时，已经掌握了拼音与部分文字，当时同学之间流行QQ聊天，在孩子的要求下我也给她申请了QQ号。网上聊天对孩子充满了诱惑，我通过限定时间段来要求她不沉迷网络。孩子小学二年级，我和她沟通对每天的时间进行规划，我们一起给时间分段、列清单计划目标等（每个月进行更新），最终的时间计划表用彩纸打印出来。我们共同签字，塑封好放置在孩子书桌上作为指导与约束，让孩子做到合理安排自己的时间。我们共同完成制订时间计划、具体内容安排，执行几个月后则交由孩子自己去完成。父母对孩子设定的目标进行监督，检查孩子实施过程中的进展，对孩子在时间问题上遇到的实际困难进行沟通、引导。实施与执行的过程中很多琐事看似微不足道，加在一起却需要大量的时间。因此，一定要引导孩子在目标范围内将所有细小环节的时间都计算进去，这样才能在实践过程中从容不迫地达到目标。慢慢地，孩子通过时间管理就会养成适合自己的好的学习习惯了。

三、培养孩子拥有坚韧的毅力、良好的心理素质、健康的身体、乐观的性格

没有谁的生活是一帆风顺的，逆境与挫折更容易磨炼意志。

1.孩子初中的时候体育成绩一直不好，为了不让体育成绩拖后腿，我与

孩子制订了锻炼提高计划，利用初三一年的时间提高体育成绩。由于冬季雾霾比较严重，我购买了一台跑步机，让她每天早晨坚持慢跑半小时，先提高心肺能力；春节开学后每天早到校、晚离校各至少20分钟，在操场上进行跑步与立定跳远的锻炼。由于孩子的坚持不懈，最终体育考试从20多分提高到了接近满分的成绩，孩子既锻炼了身体又达到了既定目标。要想取得成功，必须拥有坚忍不拔的毅力，认准一个目标后坚持不懈。

2.孩子自己能做的事就让她独自去做，借此培养自信心与能力。替她去做是对她积极性最大的打击，孩子的能力与潜能往往超出我们的想象。

在初中升高中的阶段，孩子早早地将衡中选定为第一志愿，我们担心孩子是否适应衡中高效快节奏的学习，进行了几次沟通后最终尊重孩子的选择。转瞬间孩子已经在衡中顺利地度过了一年半的时间。

3.思想产生行为，行为产生习惯，习惯形成性格，性格影响一生。对孩子过度的溺爱和娇宠是不利于孩子养成好的习惯与性格的。要让孩子懂礼貌、说话客气、做一个开朗乐观的人。鼓励孩子要与至少一名同学建立深厚的友谊，多与同学进行交往，如一起看电影、聚会、说说心里话等。给孩子提供决策的机会与权利，使孩子从小就知道怎样使用自己的决策权，过程中作为父母只需要给出建议就好。教孩子调整心理状态，使孩子明白，有些人的快乐秘诀在于其有很强的适应能力，环境不可能因为我们一个个体而改变，只有我们适应环境。限制孩子的物质占有欲，随着孩子的逐步长大特别是小学三年级到初中阶段，孩子的很多需求都要通过自己的努力获得。

乐观的人身体会更健康，在学习工作中更容易成功。

一个拥有毅力、自信、乐观的人自然会拥有良好的心理素质。

四、培养孩子读书的习惯

最近我在读苏州大学硕士研究生导师唐晓玲写的《父母的书架决定孩子的未来》，这本书让我感悟很深，体会到阅读对自己、对孩子的影响是深远的。俗话说言传身教，其实我认为身教要远远大于言传。孩子小学一年级的时候，我和她一起办理了图书馆借阅证，一直到她小学毕业基本每个月我们要去一趟图书馆，或者我与孩子一起或者孩子约同学一起到图书馆挑选喜欢的书带回家看。图书馆一共五层，干净明亮、宽敞安静，读书与学习的氛围浓厚。通过图书馆的往返培养了孩子的读书与学习习惯。孩子初中阶段，由于时间比较紧，我们去图书馆都是背上书包，半天或者一整天泡在图书馆，远离了电视、电脑与网络，在这种安静氛围里专心致志地完成学习与作业，这种氛围是家里的环境做不到的。整个小学、初中阶段，在家与学校之外，图书馆在孩子的学习与学习习惯的养成上给予了她很大的帮助，图书馆也是孩子印象深刻的地方之一。

每个孩子都是不同的，都会有优点与缺点。如何培养、教育孩子，在这条路上作为父母的我们都没有成功的经验，需要我们陪孩子一起学习、一起成长。

鸿雁传书，化"敌"为友

（871班张明洋家长）

儿子在衡中上学一直是我的骄傲，可是提起育儿故事感觉没什么可说的，只是日常点点滴滴的用心陪伴，记录下孩子每个成长的精彩镜头，做父母应该做的。再细细回味孩子一年半的衡中学习，自己也深受教育，和儿子一起并肩成长，感觉到丝丝甜意。触动最大的就是鸿雁传书，及时有效地与孩子沟通，化"敌"为友。

孩子上初中时，告别了每天在身边撒娇的交流，面临着每两周的一次接送。交流少了，叛逆期也到了。记得有一次他犯了错误，他自己也意识到了错误，但是当我用吼的语气批评他时，他竟然一点儿悔意也没有，还梗着脖子和我对视起来。当时我反思到，孩子日渐长大，已经有了自己的思想和主见。沟通越来越少，和孩子关系紧张，抱怨孩子不懂事，孩子又嫌父母唠叨，如何与叛逆期的孩子沟通是我的困惑。

正好孩子开学报到时衡中发放了《做负责任的家长》一书，书中提到一位聪明的妈妈和孩子是通过书信交流的。经过左思右想、深思熟虑之后才写在纸上的话，不仅有条理和说服力，还能使孩子充分领会父母的思想、指出的问题，更易于接受。这位妈妈结合平时看的文章、孩子提出的问题、作文素材和时政热点等每月与孩子书信交流，这种交流方式使孩子养成了随时记录学习的感悟、困惑，培养了写作的习惯，也便于家长自我反省，理性对待孩子，记录下美好回忆，同时成为教育工作的宝贵资源。

从那时起，我和孩子约定，每月至少书信沟通一次，父母写下对孩子的期望，孩子记录自己学习和生活中的困惑，相互沟通，共同成长。

印象最深的是儿子给我写的第一封信："爸，你不要再因为工作应酬喝醉酒了，你胃也不好，那样对你身体不好，妈妈一直担心，这也是我日常放心不下的。"我看着信，眼泪在眼眶中直打转，感觉孩子在我心中瞬

衡中故事

间长大了,是个懂事、孝顺的孩子,我也暗下决心,改掉醉酒的坏毛病,保证在孩子回家期间不外出应酬喝酒,尽量减少活动,留出更多的时间专心陪伴孩子。同时,我们夫妻约定,不当着孩子的面吵架,闲暇时不看手机和电视,而是读书学习,做孩子的榜样,让家庭成为孩子的加油站、开心所。

一年半的时间里,我先后给儿子写了近二十封信,并对他的每次成绩做了分析,给予鼓励。在他考试名次下降时鼓励他:"考多少名不重要,重要的是继续努力!考差了没关系,关键是不要失去前进的动力。你可能不是那个最聪明的,但你或许是那个最踏实、最努力的。成为'快乐的学习者'吧,每天都要有进步,在进步中收获快乐,在快乐中学习,做最好的自己。"在他心情失落时激励他写下:"我们不和别人比吃穿,要和别人比学习;不和别人比阔气,要和别人比志气。要勇于直面学习中的困难,要有永不放弃、永不言败的奋斗精神,这样在学习的过程,收获的不仅是知识,还有毅力、恒心、克服困难的勇气。"同时,记录了他入学、军训、远足、体育运动会等精彩镜头,自己也写了《做负责任的家长读后感》《军训感言》等文章。

特别感谢暑假期间学校组织的和父母共读一本书活动,我们爷俩共同阅读了《平凡的人生》和《任正非传》,并做了深刻的交流。通过读书活动了解到孩子在衡中的阅读量增加了,养成了爱读书的好习惯,到书店买书也多了,有了自己的思想和正确的人生观、价值观,分外高兴。更值得庆贺的是,自己写的《读任正非突围有感》《平凡的人可以活得不平凡》两篇"豆腐块"也刊登在报刊上。渐渐地,自己也重拾上学时代写作的习惯,写作水平大有长进。

随着和孩子的书信沟通交流,我们找到了共同的爱好——打篮球,他现在也热爱打篮球锻炼身体。每当他放假回家,我们都会到篮球场上秀秀球技。看着他矫健的身姿,我心中有种说不出的喜悦。我们成了球友,每当有重大的比赛,我和孩子会共同守在电视机前观看,并相互评论自己喜欢的球队、球员,我们俩成了他妈妈眼中的"狐朋狗友"。他侃侃而谈每个球员的特长,并从球员身上获取正能量。

使卵石臻于完美的,并非锤的击打,而是水的且歌且舞。高中的孩子,心智正处在走向成熟的阶段，家长要以一种平和的心态去看待发生的一切，用心陪伴，静待花开——这是孩子一年半的高中生涯中我们家长自己的体会。感谢衡中老师组织的一系列活动，以利于我们家长和孩子沟通的方式，为孩子的成长插上了翅膀。

尊重生命，理解生命
——宝贝儿，你是独立的

（892班田文洁家长）

孩子是上天赐予我们的礼物，爱与陪伴是孩子任何时候都需要的。著名诗人纪伯伦说，你的儿女，其实不是你的儿女。他们是生命对于自身渴望而诞生的孩子。他们借助你来到这世界，却非因你而来，他们在你身旁，却并不属于你。

你就是上天赐予的，让我此生遇到你、欣赏你、注视你，为你而笑、为你而忧、为你而筹谋。

一、文静如你，偏让你动起来

不经意听到同事谈给调皮女儿购买衣服的体会，说要给她买件深沉颜色的衣服压压她活泼调皮的性情，无意间启发了我的育儿观。

4岁的女儿安静文静，对，让她去学舞蹈，让她由静变动。就这样，女儿每天随着音乐而动，每一个舞蹈动作认真练习。独舞《咚巴拉》让女儿在幼儿园六一节目上一举成名。做舞蹈小老师，带小朋友们一起学舞，灿烂的笑容，自信的你，始终那么认真。我从你的小眼神中看到了"谨慎""细腻"。

二、心怀大志，不知何时萌动

平平常常的你，文静，声音小，温柔爱笑，却突然在小学四年级去石家庄天山海世界游玩时透露要到衡中上学然后去北京读大学的稚嫩语言，我愣住了。回想你的小学成绩，平凡无奇，我想到了蚂蚁吃大象的故事。我尊重你，我不语，我沉默地思索，奇迹总会出现，一切何必断言。

三、倔强如你，即使畏惧也绝不示弱

"妈妈，我害怕。"你不止一次地遇到困难时这样表达，也仅仅是这样的表述。难道女孩子就这样词不达意吗，从未见你掉过一滴眼泪。柔软的倔强，是这么有韧性，毅然决然地往前一步一步走着。深夜的学习，食指的手指肚拿笔用力过度都变形了，一个个"有体"的字跃然纸上。成绩的起伏低落，始终没有让你失去信心和希望。

四、我"陪"你

初中三年，我做了一个"陪"客。

"陪"时间。我除了上班时间，几乎都与你在一起。

"陪"心态。与你同站在一个战壕，别怕，前进的路上我与你同在。

"陪"学习。你学我也学。上班之余，我不会的、不懂的请教你大学住校的两位堂姐。我虔诚地学习着，总结你的常错题，以前的知识我又学习了一遍。

"陪"欢乐。学习之余，陪你一起逗咱家的田园大橘猫。

"陪"熬夜。我在家的每一个夜晚，从未在你睡之前进入梦乡，不让你觉得寂寞。一起在作业班的日子，难忘写完作业顶着星星赶夜路。

"陪"考试。默默祝你考的全会、蒙的全对。

"陪"锻炼。你晨练我也练，你跑我也跑，直到我跑不动，被你远远地甩下。

我"陪"的是同路，从来没有强加你任何任务，从来没有"绑架"你任何想法，没约束的陪同，一起走过初中三年。

五、放飞，承认自己，做更好的自己

随着高中住校的开始，我就放飞了你。在一天天斗转星移的思念中，我慢慢从你的言谈举止看到了不一样的你。每月的新闻时间使你通晓国家大事，每天老师的谆谆教导让我知道我的知识仅停留在初三，而你却学得越来越深、越学越高。我不再知道你究竟学了哪些知识，只在你放假后看到一套套卷子却不知道你如何解的题。"希望之星"英语竞赛、假期社会实践、"每周之星"、每日数不清的作业判分、每周的周测、每月的月考、紧张的校园生活，在我接你放假的时候看到你脸上的笑容，就知道你过得很快乐，就像被知识浇灌的小树苗，正在走向枝繁叶茂。

你就是你，即使跳舞，也是舞姿优美、舞步文静。不刻意改变自己，做最好的自己，"我就是我，不一样的烟火"。

教育本身就是率先垂范，就是尊重自己、承认自己。我不知道我的教育是否成功，可你就是我的作品。期待着我的作品能不断获奖，走向属于自己的辉煌。加油！

　　陶行知先生曾说："爱是一种伟大的力量，没有爱就没有教育。"教育最有效的手段就是"爱的教育"。尊重、信任是爱，是无声的春雨，点滴渗透、沁人心脾，我的教育就是尊重生命、理解生命，引导你走向独立，微笑着欣赏你的每一个步伐。

同成长，共追梦

（19110班阴翔宇家长）

还记得孩子小时候，每当学校邀请家长做一些教育分享的时候，我们在思索万千后依然是懂你在心口难开，直到和孩子慢慢一起长大，陪着孩子一步步慢慢地走进了衡中。渐渐地，感觉到似乎作为家长的自己也在经历着某种成长，这种成长不如孩子的变化那么显性，但这种自身的变化却在点滴渗透着对孩子的影响。

今年是孩子在衡中上学的第一年，虽然已经过了半个学期的时间，但是领到录取通知书那天激动的一幕仿佛就发生在昨天，回想陪着孩子一起走过的这十余载时光，究竟是什么方法让孩子有能力步入衡中这所众人期盼的学府呢？今天我想利用这个机会做一个梳理，不仅是一个教育想法的梳理，更多的是一个自我感悟、自我成长、自我提升的机会。

一、早期学习方法的培养，必不可少

千里之行始于足下，再多的牢骚和抱怨不及给孩子指明一个清晰的学习目标。没有正确恰当的学习方法，无异于原地踏步浪费光阴，所以越早培养孩子拥有对他适合的学习方法就会越早助他走上成长的正道。请注意我这里所说的适合孩子的学习方法，不是随便在网页浏览器中搜索得到的各种"速成理论"。对孩子的教育，家长平日交流听到最多的可能并不是方法和心得，反而是抱怨和责怪。

面对孩子的学习，首先就是良好学习方法的培养。还记得小宇在刚刚进入初中时英语学科的学习并不是十分努力，也似乎一直没有很适合他的方法，我们当家长的每次收到他不尽如人意的成绩单都是面露难色。直到有一天小宇收到了一张照片，这是他哥哥的一样"传家宝"——一本不大不小正好可以放进口袋里的英汉词典的照片。这本词典的整个封皮已经被磨白了，而且颇为起眼的是这个封皮上有一个手掌印的痕迹，整个词典给人一种"年代阅历"的即视感。这种即视感的形成和现在年轻人对手串的把玩颇为相似，但又有本质的不同：一种是爱好，一种是修养。

哥哥告诉小宇，这本词典陪伴自己从初中走进了高中又走进了大学，现在走进了自己的课堂，重要的是每天无时无刻不在提醒自己要背单词、查单词，而且一查就是十余年。每天背的单词是参照当时时钟上面的时间，如果显示的是10点30分，那他就选择103页的单词。每天为自己限定背单词的次数，而对自己的"奖励"，说起来虽然有些好笑但是十分见效——背完一页才能吃饭或者去卫生间。把学习这件事情和生活中再平常不过的一件事关联起来，那么看似枯燥无味的学习不就成了生活中的一部分了吗？我们鼓励孩子用这件事去激励自己学好英语，一点点地去尝试，从最开始的坚持不住，到后来的适应接纳，再到如今我们看到衡中的孩子在跑操前都是书不离手，这种精神可谓不谋而合。我们作为家长的可以体会到，只有越早地让孩子养成良好的学习习惯，才能让孩子和家长都减少无谓的责怪和徒劳的付出。

二、同龄朋友的适度竞争，以和为贵

学会"竞争"应该成为贯穿孩子教育的一个核心元素，这一点毋庸置疑。然而对"竞争"程度的把控，更是我们作为家长应该重视和正视的话题。学会竞争不难，学会在什么时候竞争却显得尤为重要。我们应该把孩子培养成有自信心、有责任感、有独立意识，勇于担当、敢于竞争的孩子，而不是凡事锱铢必较、得理不饶人的孩子。

现在可以证明他能正确处理好同学之间的各种问题，热心帮助每位同学，充满阳光、正能量。

三、成长过程的自我管理，重中之重

我认为孩子的成长关键时期并不是被我们家长照顾得无微不至的时候，应该是他们学会自我管理、自我成长的时候。

四、面对未来的追梦之心，砥砺奋进

身为家长的我们有时似乎会有一种教育惯性，就是希望孩子能够完成父母年少时未能实现的梦想，我认为比起实现我们自己的梦想倒不如教育孩子拥有自己的梦想。我们处在不同的时代、不同的社会背景下，无论是让孩子走家长自己走过的路，还是让孩子走家长希望走的路都不如鼓励孩子去寻求自己的追梦之路。在新时代,我们都是追梦人。孩子的梦想值得被鼓励和支持,只有怀揣属于自己的一颗追梦之心,所走的每一步才会坚实有力,所过的每一天才会意义非凡。

  任何学习和成长都离不开坚实的基础和艰难的第一步,更离不开夜以继日、继续奋斗的第二步、第三步……从孩子的蹒跚学步再到奋斗高考,不知我们和孩子一起经历了多少个难忘的、特殊的日子。当我回首往事,追溯对孩子的教育起点时,发现教育似乎并无起点也永远没有终点。一场场看似"重中之重"的考试后,其实又开启了孩子的另一段成长,而我们从这种陪伴孩子的成长中所体会和获得的经验,应该成为我们自己的"传家宝"。

陪孩子长大的过程，也是父母自我成长的过程

（19111班靳植清家长）

孩子两岁的时候，由于工作原因，我把他放在了老家，让他姥姥带他。每次回家看他的时候，他总是在我身后跟着，连我去厕所也跟着，生怕我走了。等孩子大点了，我总是怪他中午没有午睡的习惯，听到孩子说"妈妈，我不敢睡觉，你总是趁我睡着的时候偷着去上班"，泪水顿时充盈了眼眶，我想忍住，可还是滴滴答答地流了下来。

我辞职了，不想让孩子做留守儿童。对我们这个普通的家庭来说，留在衡水工作，收入自然就少了很多。虽然日子过得紧了一些，但是心里是踏实的，我一定要陪着孩子长大，努力去做一个合格的母亲。

下面分享一下我的家庭教育故事——陪伴孩子一起成长！

一、儿子上学前班

儿子每次放学回家都会做手工，需要我帮忙的时候总是会把《智慧树》里面的台词改成"这一步需要妈妈来帮助"。我和孩子一起完成创作，而且每天重复以上的过程，乐此不疲。

二、儿子上小学

我没有选择让孩子去托管，而是换了一个离学校更近一点的工作，这样可以做到每天接送孩子，每晚陪孩子一起写作业、一起背书、一起玩耍。到了周末，为了不让孩子整天窝在家里看电视，等他完成作业后就带他到户外运动。我教他打乒乓球，开始的时候，用儿子的话说就是"拍黄瓜"，说白了就是瞎打，慢慢地他能接住一两个球了……现在我已经不是他的对手啦！

小学三年级的时候开始有英语了，儿子的英语成绩每次都是五六十分，我以为孩子刚接触新的学科要有个慢慢适应的过程。又过了一个学期，他

一直没有太大的进步，我开始着急了，决定和孩子一起学习。我买了英语辅导书《教材完全解读》，这也是我目前买得最多的课外书，孩子的英语终于能上90分了。现在儿子还开玩笑地说是妈妈帮他捅破了学习英语的那层窗户纸。

我一直尊重孩子的想法，以尊重去走进孩子的内心。我们是母子关系，也是要好的朋友。最让我俩开心的事是一起去看电影，而且是动画片，多数时间都看《熊出没》。两人笑得前仰后合的画面现在依然浮现在我眼前。

三、儿子上初中

开学的第一天他非常开心，这里有很多熟悉的小学同学，还有一个小学同学和他分到了同一班。初中的课程不像小学那么轻松，面临着升学，儿子感觉到了学习的压力，还要面临小学从来没有的月考，成绩的起起落落有时候让他很烦躁。月考之后，我们一起分析试卷，一起找丢分的原因，然后查漏补缺。有一次，他的月考成绩下滑到了谷底，我不知道怎么去安慰儿子，就在网上给他买了一支钢笔，并让卖家刻上字："加油，Yes, you can!"儿子收到笔的那一刻流下了激动的泪水，抱着我说："妈妈，谢谢您！"我为他鼓劲："儿子，我们永远都是最棒的，加油！"

初三这一年是最难熬的，每一个有初三孩子的家庭都是一样的。分到新班后，老班给家长们开了"家有初三生，我为中考忙！"的主题班会，家长们瞬间感到了紧张的气氛。随后，我们又面临着新的困难：初三的课程加快，上半年就得完成所有的课程。儿子学化学感到很吃力，这回没时间让孩子慢慢适应了，我硬着头皮又买了两本《完全解读》，不知道还能不能学会。晚上孩子写作业的时候我一点一点地看化学，感觉没有想象的那么难，不久就能和儿子一起探讨问题了。看到儿子化学成绩进步了，我更有信心了，一个多月的时间把初三的化学学完了，我又开始了自己的学习——报名会计初级考试，并且和儿子打赌，我一定能考过。儿子说我能考过会计初级他就能考上衡中。6月我的成绩出来了，我考过了。7月他的成绩出来了，他考上啦！

四、儿子上高中

他走进了衡中，我走进了三陶教育，离儿子的学校仅仅300米，继续和儿子一起成长！我开玩笑地说："还用妈妈一起学习吗？"他笑着说不用了，

衡中故事

"有不懂的我直接去你那里补课就可以了"。当然我没事的时候也会听听他的课程。

进入高中后,孩子并不是很适应这种快节奏的生活和学习,虽然住校了,可更需要我的鼓励和支持,有时候还会因为成绩的不理想心里不好受。我一直鼓励孩子要保持良好的心态,不要给自己过大的压力,卸下心理包袱,轻装上阵。人最大的魅力是有阳光的心态,对未来要抱最大的希望,对目标要尽最大的努力,对成败要保持最好的心态。笑着看世界,世界会还你一份好心情。"儿子,三年的高中生活,妈妈和你一起加油!"

最后我想对家长说:"陪伴是相互的,滋养是相互的,给予是相互的,陪孩子长大的过程,也是我们作为父母自我成长的过程。"

陪孩子在一起是最简单的幸福!

珍惜这幸福的日子吧,一晃他就长大了……

我那闪闪发光的"大月亮"

（19208班张心悦家长）

刚刚写下这个标题，我被自己吓了一大跳！在衡中，"大月亮"可不是闪闪发光的，至少目前是普普通通的。但是，她在我心里，的确是闪闪发光、熠熠生辉的大月亮，并且无人能替代。

她就是我的女儿——张心悦，从小我就叫她"大月亮"。

"大月亮"一出生，我就下定决心，一定要把她培养成"人中之凤"或者"国之栋梁"。可是，事与愿违，这个闪闪发光的"大月亮"并不像我想象的那样聪明伶俐，甚至有些笨嘴拙舌，这个问题是在她两岁多上幼儿园的时候发现的。一天我去接她，她十分愤怒地嘟嘟哝哝和我说了一大堆"外语"，老师听不懂，我也听不懂。她的小同桌伶牙俐齿地告诉我，大月亮被一个调皮的小男孩打了几下。这时候我才非常悲哀地发现，我的孩子和同龄人比起来是有很大差距的。那天夜里，我失眠了。我是20世纪90年代的中专生，孩子的爸爸是大学生，依照遗传学的规律来看，她不应该连话都说不清楚啊！

我对自己说不能认输，一定要当好自己孩子的老师，首先就从教她学说话开始吧。

我买来复读机，放上磁带，只要有空就训练孩子朗诵诗歌。每天晚上我给孩子读少儿故事书，也让她跟着一起读，有时候因为一个发音，我要反复教她好几遍。即使去超市购物，包装上的名称也会让她认一认、读一读……终于有一天，孩子在一次新年朗诵会上得了一个三等奖，第一次看见那红灿灿簇新的获奖证书，我高兴地哭了，感觉热血沸腾！

要想让孩子变得优秀，一定要多鼓励，培养孩子足够的自信心，当孩子受到的表扬激励多了，她就会将自己自动划归到优秀的群体里面，从而更加严格地要求自己。

衡中故事

幼儿园开了珠心算课程,她学着很吃力,回家急得直哭。我主动跟幼儿园老师联系,老师说,我讲了好几遍,这孩子就是学不会,可能天资差一些……那天晚上,我对着孩子的教材和一把小小的算盘研究到半夜,发现这门学问真的是太有趣啦!从那以后,孩子白天在幼儿园学一遍,等回到家我们娘俩再"复习"一遍。学期末,幼儿园邀请家长去听公开课。在课堂上,我惊喜地发现,孩子坐姿笔直、态度认真,对老师提出来的问题总是争先举手、踊跃发言!我静静地坐在教室后面,虽然只能望见孩子的后脑勺和两条细细的小辫子,但在一个母亲的眼里,她就是最闪光的那一个!

小学三年级,孩子学英语再度遇到了困难:"妈妈,老师说我发音不准确怎么办?"到了这个年龄段,我感觉不能再陪她练习了,是时候培养孩子学习的主动性了。我拉着她的小手,认真地对她说:"孩子,你需要多练习啊!"一天夜里,我和她爸爸正准备睡觉,突然听见孩子的小屋里传出英文歌曲的声音,我蹑手蹑脚地走过去从门缝里往里望——小丫头自己在听着复读机表演"指认身体部位"的节目呢!我悄悄地离开了,不敢打扰……第二天中午,孩子大笑着告诉我:"妈妈,今天我可出了风头啦!英语老师让上台表演英语节目,就我一个人会!哈哈哈哈。"我也陪孩子一起笑:"太棒啦,你比妈妈小时候还厉害呢!"

要说考入衡中,那可是"大月亮"从小学二年级就有的想法,真的仅仅是一个想法,而不是梦想。为什么这么说呢,因为她当初想考衡中的"目的不纯"。2011年的一天,"大月亮"作为《衡水晚报》的校园小记者随行去衡中采访,回到家就兴高采烈地告诉我:"妈妈,我将来要考衡中!"我非常高兴地问她为什么,我以为她会说努力学习、报效祖国之类的话,没想到她却说:"妈妈,衡中的饭菜太好啦!我参观了食堂,发现里面好多特色菜!""好吧,孩子,衡中可不是好考的,你要努力学习啊!"

一个优秀的孩子,必须要有健全的人格和爱国情怀。从孩子想考衡中这件事上可以看出,我对孩子的教育是有缺失的,我觉得一个过于注重提升孩子学习成绩的家长不算是好家长。我多次带孩子外出旅游,饱览祖国河山的壮丽之余,给她讲祖国的发展和历史名人故事,带她去红色革命圣地和烈士陵园,看革命抗战电影,借此告诉孩子幸福生活来之不易,是无数革命先烈抛头颅、洒热血用宝贵的生命换来的；强调我们必须要倍加珍惜，时刻铭记历史，牢记革命先烈，在潜移默化中增强孩子的爱国主义观念。

我始终认为，和睦的家庭氛围、父母无价的爱才是对孩子心灵最好的滋养，也称得上是最大的富养。

"大月亮"上了初中以后，学习数学有些吃力，初一的时候数学周测曾经考过60分。为这，爸爸特别着急，于是不得不给孩子"吃偏食"。每天晚上爸爸都要等孩子写完作业入睡后再将数学题拿出来检查一遍。第二天早上6点，我起床做早饭，爸爸就叫她起床改错题。赶上爸爸上夜班，他就让我把题拍照发过去，把错题解析都写在纸上再拍照发过来……

我深知自己辅导不了孩子的作业，就默默修炼厨艺。为了让求学的孩子吃上可口的饭菜，我真是拼了！什么水煮鱼、水煮肉片、毛血旺、酸菜汆白肉、金汤肥牛等，以及各种干锅、各种红烧、各种烘焙甚至连灌腊肠都学会啦！每当我做好饭菜、摆好水果等待孩子回家的时候，就会拍照发朋友圈，以至许多人都以为我是厨师！孩子初中毕业时，我在朋友圈写了这样一句话："我亲爱的孩子，为了你的初中三年，爸爸变成了张老师，妈妈被人称作王大厨！"

我们的付出，孩子都看在眼里、记在心里。随着年龄的增长，她渐渐变成了一个懂事孝敬的孩子。每当她从衡中回来，都会帮着我做做家务，陪我们聊聊天，还会对我做的饭菜赞不绝口，说妈妈做的饭才是世界上最好吃的。我知道，孩子这是哄我开心呢，我的手艺哪里比得上大衡中的名厨呢！

众所周知，高中生的选科对一个家庭和孩子来说是非常头疼的事情。"大月亮"一开始是坚决选文的，因为她酷爱文学，喜欢写东西。对孩子的这个选择，我是赞成的，因为我年少的时候曾经也做过文学梦，可是爸爸坚决不同意，在一个理科男的眼里，学文是没有多大用的。他说，你现在文理成绩差不多，尽量别选文，不要看现在学着容易，可是将来考大学或者就业都是事！为了这个问题，有天夜里爷俩争执了好久……

这件事发生没几天，爸爸就生病住院了——肺大泡破裂。"大月亮"从学校赶到医院，看到病床上插着气管面色苍白的父亲，心疼得大哭起来。她紧紧地抱着父亲，久久不愿松开。晚上孩子非要在医院陪床，被我硬拽着送回家了。半个月后爸爸病愈出院了,我们一踏进家门,不由得眼前一亮,孩子在冰箱上贴满了花花绿绿的小便签,上面写着:"一天一个苹果,医生远离我!""在家多吃饭、少喝酒啦!""冬天到了,注意保暖!""生活很苦,还好我甜!"……最后一张上面写着:"爸爸,我要选大理啦!"我俩一时间说不出话来,心头一酸,热泪夺眶而出……

  我的"大月亮"啊!闪闪发光的"大月亮"!你的澄澈善良照亮了咱们这个普普通通的小家,你的上进刻苦是我们勤劳持家的动力!有你,真好!

和孩子共同成长才是最好的教育

（19409班李玥萌家长）

作为父母，我们秉承着凡事进取、不懈怠的态度，对于女儿，在她的每一段成长历程中我们都是有要求的。她小时候，我们希望她学业出众；长大后，我们希望她既有实力又有人格魅力，不惧生活的各种风雨。但怎样让孩子成为我们希望的人呢？有一句话说得非常好，"你希望自己的孩子成为什么样的人，你就首先要去做一个什么样的人"。是啊，父母首先自我成长，给孩子行动上的引领，与孩子共同进步，这才是最好的教育！

曾经有个故事让我感受颇深，说有一种鸟，它自己飞不起来，就下了只蛋，然后逼着孵出来的小鸟使劲飞。如果两只老鸟从来没飞起来过，却指望小鸟飞起来，这公平吗？合理吗？所以，父母应该努力把自己变得更好，让孩子对你有爱也有尊敬，从你身上可以学到一些好的品质。当他因为困难、失败迷茫时，我们能用自己的微薄经验给他有益的指引。

女儿上小学时，语文老师留了一份特殊的家庭作业，是学习《美丽的小兴安岭》后写一篇介绍小兴安岭的导游词。那个晚上，女儿不仅写了一篇导游词，而且自己在网络上搜集小兴安岭四季的美丽图片，做了一份PPT。不仅如此，女儿还一边翻着PPT一边练习演讲，不断纠正表情动作。女儿的这份认真让我有点意外，老师没提这么多要求啊。女儿说："妈妈，你那次参加说课比赛足足练了好几天，每天都练到半夜，不断改稿子，不断改PPT，我都学会了呢！"

在女儿奔向衡中的路上，我一直陪着她：她挑灯夜读，我就半夜备课；她假期集训，我就给自己安排撰写论文任务；她攻克难题，我就针对学生易错题研究；她做最优秀的学生，努力到感动自己，我就做更好的妈妈，在职业、专业成长的路上绝不懈怠。

衡中故事

女儿顺利考取衡中，我面临着职业抉择。面对新的挑战，我特意借女儿学校放假的日子赶到衡水，征求女儿的意见。40岁的妈妈，是选择安逸，还是选择挑战？女儿说，无论怎么选她都支持我。但我愿意选择挑战，原因无他，只想在女儿面对选择的时候也不惧挑战，只想告诉她只要还没放弃就不是结局。

女儿在衡中面对着学业的重负、竞争的压力、成绩的起伏，有过丧气但从来没有放弃，有过一时失意却从不曾丧失斗志。而我在新工作中也有各种新难题，她时不时地拿自己班的励志名言和我分享，还鼓励我说："妈妈，你在新的工作中要加油哦！"

因为一起成长，所以一起经历各种困难；因为一起经历各种困难，所以产生一样的心理体验，所以相互理解、相互信任、相互包容更相互鼓励。父母不必强于子女，父母不必事事是指导者，要陪伴而不是监督，要共同进步而不是催孩子进步。你要孩子怎么样，自己就先要怎么样！

陪伴，是给孩子最好的爱；共同成长，才是给孩子最好的教育！

人要感恩，爱要传承

（19502班冯森垚家长）

2018年7月14日，暴雨，路上行人行色匆匆，这也仿佛预兆着要发生点儿什么……

中午，儿子从课外班补习归来，一进门，高扬着手说"老爸，捡的"。"怎么说话呢？""不是，哎呀，说钥匙呢。"我这才发现他手里握着一串钥匙。儿子说钥匙是在公交站台捡的，他问了周围的人，可没找到失主。

儿子即将升入初三，课程安排得满满的，为了保证营养，今天做了他最喜欢的可乐鸡翅、西红柿炒鸡蛋，然而他却面对着美食发呆。"怎么了？"妈妈问。"丢钥匙的人会着急的，怎么办啊？"是啊，怎么办呢？我也一时语塞，说"你就不该捡"吧，这不是违背日常教育自己打自己脸吗？说"把它交给警察叔叔"吧，好像已经不合时宜了；说"儿子，你做得对"，可接下来还不是苍白的无能为力？我甚至想，即使找到了失主，因为经手外人，失主也多半会把钥匙丢弃全部换新的。现在，谁又能真正地信任一个陌生人呢？我继续胡思乱想着……之后，谁也没有再说话，在沉闷的气氛中吃完了午饭。儿子稍事休息，又要去上下午的课。临走时，他突然把那串困扰他一中午的钥匙又攥在了手里，什么也没有说，但似乎坚定了许多。他去干什么呢？是扔了，还是去原地等？我百思不得其解。

时间还是一如既往、不紧不慢地走。儿子一脑袋汗地回来了。"钥匙呢？"不知道为什么，我问了这么一句。"还给失主了。"儿子一边狂灌着水一边骄傲地说。"怎么可能？怎么做到的？"我迫不及待地想知道原因。这时，成就感爆棚的儿子如同出色地完成了任务般的轻松，不紧不慢地卖起了关子。原来，他没有扔掉钥匙也没有去原地傻等，而是化身柯南，做了一回侦探。他根据那串钥匙上的与我们小区相似的门禁扣分析出"失主一定就是周边小区的人"，而周边有五个小区，他一个物业一个物业地跑，

衡中故事

终于，在最后一个物业处得到了"钥匙扣里的信息"，完璧归赵。

故事到这儿就结束了，儿子又一如既往地投入学习、作业、考试中了，似乎早已经把这件事淡忘了。但就是这么一件平淡无奇的小事，却一直萦绕在我的脑海，让我忍不住时时想起。在中考过后的一次闲聊时，我又提起了这件事，儿子一脸诧异地看着我："你还记得呢？这也没有什么啊。不是你对我说的爱要传承嘛！"

"爱要传承"，多么熟悉的一句话，一下子把我拉回了几年前。那时儿子刚上小学五年级，我们为了激励他努力、奋进，带着他游览北大、清华校园。当时儿子的背包拉链坏了，背包敞着口，一路上，陌生而又友好的声音此起彼伏："孩子，你的包开了""学生，包没有拉上"……虽然我们一遍遍解释、一遍遍感谢，但内心却是温暖的。这就是人与人之间普通而真挚的爱吧，这也应该是我们这个社会能够温暖存在的基石。我当时对孩子说"人要感恩，爱要传承"，没想到，儿子一直牢记着这句话，而且将之付诸到了实际行动中。

孩子的心是纯净的，孩子的世界充满了童真、美好、善良，只要我们对孩子多一些鼓励、尊重、理解、宽容、赞美，它就会像暖流、清泉一样滋润孩子的心灵，促使他们更大胆地去思索、去实践、去创造。相反，孩子们的纯真，也会反过来或多或少地影响着有些世俗的我们，提醒我们要永远拥有清澈的品质，永远如少年！

2019年8月22日，优秀的儿子如愿以偿跨入了衡中这座温暖而美丽的校园，也让我们接触到了更多的爱：友爱助人的衡中学子、互帮互助的爸爸妈妈、呵护贴心的老班小班……无一不体现着爱的温暖。8月26日，衡中的开学典礼大幕盛大拉开，郗校长吹响了"目标在前，使命在肩，全力开创卓越衡中新未来"的战斗号角，让人备受鼓舞、倍感振奋。我坚信，"爱，能够创造奇迹"。在衡中这个温暖的大家庭里，有老师的谆谆教诲，有八十华里远足的意志磨炼，有成人礼的精神洗礼，儿子一定会变得更加坚强，更加独立，更加懂得感恩，也会更加懂得传承爱！

祝福孩子们，祝福衡中，你们的明天一定会更加辉煌！

孩子，我希望让感恩伴随你全部的成长

（19507班梁朝凯家长）

心里深深地想念着我的孩子，一个从未一个人离开过家的小男子汉，这只是一个妈妈内心最深的惦念。但孩子每次从家返校时却从未流露出一丝不舍与眷恋，因为孩子正在自己梦寐以求的中学学习。他感恩，感恩这里的校园氛围，感恩这里敬业的老师，感恩这里一切最美的遇见，所以他才这样安心。

儿子出生前我们没有刻意去学着做父母，也没有积累家庭教育的各种知识，在自己还很懵懂的时候与孩子相遇，我们感谢儿子的到来，怀着一颗感恩的心和儿子一起成长。也就是这种平常心潜移默化地感染着儿子，使儿子也拥有了感恩善良的柔情。

我们和儿子的爷爷奶奶生活在一起。奶奶是家里的大厨，每天为家人做饭，很辛苦。每次坐在饭桌前，儿子总是狼吞虎咽，嘴里还不住地唠叨着："奶奶做的饭真香，太好吃了！"看着大孙子的吃相，听着大孙子的夸赞，奶奶眉飞色舞，笑成了一朵花。事后我问儿子，奶奶做的饭真有那么好吃吗，儿子笑嘻嘻地说："其实奶奶做的饭有时咸有时淡，但奶奶做饭挺不容易的，我们还是要感谢奶奶啊！"听到几岁的孩子说出这样的话，我的心被深深触动了。我为这个小不点感到骄傲。在我们培养、教育孩子的过程中，他也成了我们的榜样，父与子、母与子在相处中找到了共同成长的方向。

老公是一个木讷的人，不善言辞，我总唠叨他不会和孩子交流，但老公的一句话却让我刮目相看："父母是孩子的榜样，你在做他在看，行为的影响远远大于语言的教育。"这让我更加注意自己的一言一行。

一次开车回家，把车刚停好，一辆车就撞到了我们的车。车上下来一

衡中故事

位妈妈，很是慌张，原来是孩子生病发烧，她着急去医院。面对突发事故，那位妈妈已经乱了阵脚，她的车也不能开了。让我想不到的是，儿子没和我商量就随手拦了一辆出租车，陪着阿姨上车去医院了。我只好留下，把对方的车小心移到一边，等修车师傅来修。事情的结果是，那位母亲的孩子得到了及时治疗，我的车也没有大碍。儿子当时的担当和责任让我佩服。

最近几天我发烧了，应该是病毒感染引发的感冒，儿子下自习后电话如约而至："妈妈，你感冒了吧？""没有啊。""你自己照顾好身体，我挺好的！"听完儿子暖心的话，让我这个做妈妈的顿时泪奔。

衡中是个大家庭，孩子在这个大家庭中时刻感受到温暖和关爱。儿子跟我讲，放假时，当他翘首以待找妈妈时，总会有叔叔阿姨们主动把手机递给他用。为此，他特意嘱咐我，如果遇到这样的情况，也要主动把手机奉献出来。看着"傻傻"的儿子，我的感动无以言表，只有使劲点点头。

虽然说孩子的成长离不开父母的陪伴，但是在衡中，我可以放心的是，孩子正在那里鹰隼试翼练习飞翔。我们可以放心，更可以放手，因为在衡中，孩子已经在积蓄力量。

方法对了，事半功倍

（19507班陈泽阳家长）

孩子在衡水中学这个全国知名的中学上学有一段时间了，从开学时的激动兴奋，到现在随着孩子成绩的起起伏伏，我的心情也跟着起伏，甚至对自己在孩子的教育上慢慢持怀疑的态度。但是回顾孩子从出生到现在对孩子的每一次教育，重新坚定了我对孩子的信心，如果重来一次，我还是会做同样的选择。

下面，我就在孩子的不同阶段对孩子出现的不同问题给出的不同教育方式与大家分享。

一、惊喜鼓励篇

孩子在上小学之前特别喜欢读书，经常坐在角落里读书，一坐就是半天，所以他对语言特别有感觉。有一次我们开车出去，等红灯的时候，不到6岁的阳阳坐在车里看着旁边饭店的牌子念："女人喝了乌鸡汤，美丽又健康"。没听他念下文，我扭头一看，牌子上没字了。阳阳又念了一遍，然后想了想说"男人喝了乌鸡汤，浑身有力量"。我在旁边听了，拍手叫绝，狠狠地表扬了他。他从这件事中获得了成就感，得到了表扬，更加自觉主动地去读书。直到现在，阳阳还特别爱读书，他读过的书我都清清楚楚地记得：小学读了《淘气包马小跳》《哈利·波特》和整套的沈石溪动物小说等，初中读了整套的《明朝那些事儿》《大秦帝国》《三体》等，还读了好多的名人传记。对他影响最大的应该是初中读的书，他崇拜的人是张仪和苏秦，这两个人物就出自《大秦帝国》。他现在选科选的物理，就是和看刘慈欣系列图书和美国漫威系列电影有关。

二、承担责任篇

阳阳在上小学二年级的时候，有一天中午放学回家的路上脸色特别难看，不问还好，一问立刻号啕大哭，而且哭了一路，怎么哄都不行。回到家里，他把自己关进自己的房间不出来，也不吃饭，爷爷奶奶轮番叫也不出来。我有点生气了，直接敲门，特别严厉地说："马上开门，我要进去和你好好谈谈！"他胆小，还是有点怕我的，开门让我进去了。我这才了解到，原来是老师当着所有同学的面狠狠地批评了他。事情的起因是这样的，小学放学是排队出门的，队伍前面有一个举班牌的同学领队，当天表现特别好的同学才有资格举班牌。今天他被选中了。同学们都排好了队，老师准备带队走时发现没拿班牌就让他回去拿。他们教室在二楼，他回去拿班牌时正赶上别班同学排队下楼，他就一直等着，所以拿到班牌回去晚了，老师就很不高兴批评他了。他特别委屈，觉得是因为有同学堵着路他才回去晚的，老师不应该批评他。我就跟他分析了一下原因，让他站在老师的角度想想：老师有老师的任务、责任，别的班的同学都按时整齐地排队放学了，因为他拿班牌晚了，导致整个班的同学和老师都在那儿等着，而且学校领导还在旁边检查，老师肯定也会挨批评。"所以老师批评你是对的，如果换位思考，你也会这么做的。"阳阳听了我的分析后，立刻就想通了，也洗脸吃饭了。通过这件事教会了孩子要勇于承担自己的责任，同时也教会了他心胸开阔、不拘小节，遇到事情的时候，多站在对方的角度考虑问题。

三、家庭影响篇

阳阳上初中后，在第一次月考中就取得全校第一名的好成绩，紧接着整个初一年级和初二上学期都是第一名。第一名的光环给他带来了巨大的压力。有一天早晨，孩子突然跟我说不去上学了，我愣了一下，然后故作轻松地说："可以，那别去了，在家待着吧。可我怎么跟老师请假呢？请假的理由是什么呢？你好朋友要是问我我怎么说呢？"问了一连串的问题后，孩子说我还是去吧。很轻松的几个问题就化解了他的焦虑，从此以后他再也没有提过这样的要求。

孩子在初中阶段取得这么好的成绩，有的同事和朋友经常会问我怎么教育的，我的回答是，我们对孩子的管理，不管具体学习，只管思想要领。孩子在初中阶段形成了比较成熟的思想和世界观，他爸爸对他影响比较大。

初二的时候，他爸爸工作发生变动，有一定的时间可以在家待着。他爸爸是学习型的，每天都在手机上收听财经类节目，其中把我们全家都吸引的一个节目叫《罗辑思维》，每天中午吃饭的时候都要收听。从这个节目里，我们知道了"爱因斯坦的逆袭故事"，知道了"牛顿和现代世界的诞生"，知道了"创新是怎么发生的"，明白了"没啥不能没知识"，要做"迷茫时代的明白人"，等等。从节目学到的很多书本上学不到的知识，铸就了孩子强大的内心，让他学会了做任何事情都要坚持、努力，即使身处逆境也绝不轻言放弃。

  孩子上衡中后学习比较紧张，但学校安排的作息时间非常科学。之前怕孩子不适应，我们提前领他到学校去考察，坦诚说明了将来学校的学习环境和他会面临的挑战。因为有了心理预期，阳阳到学校后在生活和学习上还是比较适应的，感觉他比其他孩子更自立，更能自我约束，时间观念也很强。孩子在衡中这段时间的学习和生活将会让他终身受益。我相信孩子已经很努力了，因此不会在学习时间上更多地去压迫孩子，更多的是引导他让他找到学习的方法和窍门，让他养成钻研和思考的好习惯，不要一直埋头苦干，还要巧干。方法对了，事半功倍。

  孩子的成长离不开衡中老师的细心教导，学校这么多年的优质资源和教学经验定能让泽阳茁壮成长，在此也对学校和老师们的付出表示谢意！

衡中故事

养育儿女就是在书写一篇散文

(19507班王梦溪家长)

犹记得几个月前,当接到女儿衡水中学的录取通知时,着实羡杀了周围的人。好多人纷纷询问我是如何教育女儿的,那种认真讨教的神情、渴望分享的眼神当时真的令我尴尬不已。

或许没有人相信,一直以来,作为教师的我们夫妻从不关注女儿的成绩,在学习上从未给过她压力,甚至每次考试成绩不是女儿主动告知就是从别人口中得知的。感觉我们夫妻俩在教育女儿上都有点漫不经心,从没有刻意地去培养过她。所以面对众人的一次又一次追问,我只能报之一笑。

今天看到孟老师发布的"衡中家长育人故事"征文通知的时候,我心泛起涟漪:不愧是世人眼中的顶尖学府,看似不起眼的小举措,却能将各类学霸家庭成长的经典公之于众,让众人浏览借鉴,给人启迪,更在家校共育中实现对每一名学生的最优教育,"高考梦工厂"实至名归。想到这里,内心不禁跃跃欲试,可想到几个月前的尴尬,我又无从下笔,甚至因为回忆女儿的成长,想到自己的"放养"行为,感觉对不起女儿,于是更难起笔,昨天更因觉得愧对女儿而翻来覆去睡不着觉。老公发现了我的异常询问我,我几乎是含着泪讲述了对女儿的愧疚。老公笑了,说:"我们的管就是不管,不管就是在管。"我闻言愣了。接着老公丢给我一连串问题让我茅塞顿开。

"闺女性格怎么样?"

"虽不爱说,但也够开朗。虽独立能力强、有主见,但也能听得进他人意见。"

"人品呢?"

"孝顺、懂事、体贴,会心疼人,会为他人着想。"

"学习呢?"

"虽然不够聪明，但知道努力用功；虽然成绩不拔尖，但也过得去。"

……

对呀，不管就是在管。我们虽然漫不经心，但是从未对女儿放任自流；我们虽然很少对女儿言传，但身体力行的示范时刻感染着女儿……这一刻，我深深体会到，养育儿女就仿佛是在书写一篇散文，形散而神不散就好，我们为什么非要苦苦去追求那固定的形式呢？

这一刻，文思泉涌，关于女儿成长的点点滴滴映现于脑海，于是连夜爬起，记录下这不是"育人故事"的育人文章。

女儿"理财"

从小到大我们很少给女儿买零食吃，即使她看到别的小朋友吃而嘴馋要求我们买，如果不给她买也会不了了之。久而久之，女儿上幼儿园后，虽然学校附近就有卖东西的，但她没有花钱买零食的习惯。后来女儿上了一年级，竟然连钱都不认识。结果在学习元、角、分时，女儿因缺乏生活经验，显得十分吃力，不过幸亏女儿不算太笨，终于学会了。我想女儿一定属于另类，别的小朋友都是先认识真钱，而女儿却是在认识书上的钱后才认识了真钱。

自从女儿认识钱后，就对钱产生了浓厚的兴趣，每每我们想去买东西时，她总会表现出极大的热情，争着去买，有时还会抱怨说他们班的小朋友每天都会去买东西。这时我才意识到女儿长大了，懂得花钱了。虽然以前我们不给她买零食、不让她随便花钱是为了她的健康，为了让她养成节俭的习惯，但是我们却忽略了女儿心理上的成长——看见别的小朋友能够自如地花钱，可自己却什么也不会，这对孩子来说无疑是一种伤害。难道只要花钱就不好吗？我认识到一味地不让她接触钱只会让女儿落后于其他同学，学习元、角、分的内容时女儿的吃力表现我就应该想到这一点，可是却忽略了。其实让孩子接触钱不是错，错的是家长一味地宠溺、无节制地给钱。只要家长稍加引导，指导孩子怎样正确地花钱，对孩子也不失为一种好的教育。

想通了这一点，我和老公便商量每天给女儿一元零花钱，并在征得女儿的同意后正式确定下来。我还教女儿将自己每天花的钱记录下来。转眼

衡中故事

一周过去了，女儿兴奋地将自己的小本子举到我面前说："妈妈，你看我买的东西一样也没丢，我都记下来了。"我翻了翻，发现女儿买的大多是零食，于是，我与女儿探讨了什么东西值得买、什么东西可以不买、什么东西可以偶尔买。两周过去了，再次翻看女儿的小本子时，发现女儿买零食的次数少了，而笔、本之类的东西多了起来。于是，我趁热打铁，告诉女儿可以每天剩一点钱，以备不时之需。一个又一个星期过去了，女儿十分合理地支配着她的每天一元钱，于是我不再过问。我虽然不再看女儿的小本子，但从女儿时不时地与同学的闲聊中知道女儿的钱大多用在了学习用品上，零食只是偶尔为之，至于剩不剩下钱我也就不再问，毕竟一元钱在物价飞涨的今天算不了什么。

后来，学校让交红领巾钱，可我发现女儿并未向我要钱，询问了老公，也没有向他要。怎么回事呢？莫不是她忘了？于是去问班主任。老师说女儿已经交钱了，上课刚布置完，下课她就交了。当时老师还问她是不是找我要的，她说不是，是她自己的钱。原来如此。女儿这几个月究竟攒了多少钱呢？本想直接去翻看她的小本子，可又一想这么长时间不看了，突然看又怕女儿不同意。于是中午吃饭时，我装作若无其事的样子问老公："一年级不知道什么时候入队？"还未等老公开口，女儿就争着回答："我们老师说了，再过一周就六一了，到时我们就能戴红领巾了。""那你也没有红领巾呀。""我有，我买了。""你怎么买的？""我用自己的钱买的。"女儿自豪地说。"哦！你有多少钱？""买完红领巾后，还有两块。"女儿自豪的语调又高了些。那一刻，自豪的又何止女儿，作为妈妈，我更加自豪，因为女儿会"理财"了！

当然，女儿那时还只是一个8岁的孩子，"理财"对她来说还太过遥远，但在管理自己的这小小的一元钱过程中，她懂得不乱买东西，懂得每天留下一角两角钱，这就是最大的收获。

遇到问题而管才有了之后的不管，而不是单纯地禁锢她不花钱，虽有点随心的形散但神未散。如今女儿虽然已经是个16岁的大姑娘了，但是她依然还是以前那个节俭的小姑娘，不同的是她更会"花钱"了：会计算着怎么买学习用品更节约，如果隔了很长时间才回家会给弟弟买他爱吃的糖果……

女儿"送礼"

每当节日或生日时,我们夫妻总是会精心地给双方父母、兄弟姐妹挑选礼物给他们惊喜,或是打电话问候。潜移默化中,女儿也懂得了关心亲人。

我还清楚地记得女儿上二年级时第一次送我礼物时的情景。那段时间不知女儿怎么回事,老是问我什么时候过生日。因我的生日还在后半年,因此每次女儿问时我总说还早呢。可女儿后来已不满足这个答案,而是问我是几月几日,因她的执着我告诉了她。

随后那个周四中午给她收拾房间时,我发现有一个很漂亮的塑料袋,打开一看里面是一个粉色的辫花。我问婆婆哪来的,婆婆说女儿去小伙伴家玩,小伙伴家是卖这些小饰品的,女儿就买了一个。奶奶看见了还问她:"你没辫子买它干什么?"女儿开心地说:"王心雨她奶奶说这是最漂亮的辫花。我买它是等妈妈过生日送给妈妈。妈妈的辫子那么漂亮,戴上一定更漂亮。"难怪女儿老是问我什么时候过生日,原来是想送我一份生日礼物。

这是女儿送给我的第一份礼物。听完婆婆的讲述,我内心暖暖的,刹那间,泪水充盈于眼底。老话说女儿是妈妈的贴心小棉袄,但令我感动的不止于此,而是我在女儿心中的形象。我的体形较胖,说句实话看上去真有点惨不忍睹,可在女儿心中我是漂亮的,她把最漂亮的花送给妈妈,妈妈一定会更漂亮。试问哪个妈妈听了女儿对自己这样的评价而不感动开心呢?

虽然我从不戴这类的东西,虽然粉色太过鲜艳而且不是我喜欢的颜色,但我依然迫不及待地戴上这朵花。因为我戴上的不仅仅是一朵花,还是女儿的一番心意,更是做妈妈的一份骄傲!

身教胜于言传,这样的管才有了之后的不管,而不是单纯地给她讲道理,虽因未言明而稍显形散,但神未散。如今的女儿懂得经常打电话询问爷爷奶奶姥姥是否安康,懂得在我们不舒服时做简单的饭菜端到床前,懂得在我们看望她后晚上回到宿舍往家里打电话询问我们是否已安全到家……

女儿"求知"

在学习的道路上可以说我们从未辅导过她,但是我们夫妻俩榜样的力

衡中故事

量造就了她求知路上的坚韧、执着。

我们夫妻均在偏远的农村学校任教。有人为学校捐赠了十几台电脑，学校无人学过电脑也不懂安装，老公就勇挑重担，每天拉着电脑上下班，研究拆装修理，终于全部安装上了。开始教学后，因没有教材，老公就跑到唐山图书馆借阅这方面的书，自己按年级备课，使我校学生的计算机能力丝毫不逊色于城里的孩子。

而我带给女儿的榜样更为直接，如为了准备语文素养大赛的知识问答环节，我每天大包小包来回拎书，通览了一至六年级所有的语文书。熟记新课标时，把便条贴得厨房、客厅、卧室到处都是，做饭看、睡觉看，走哪儿看哪儿，女儿则成了小老师，时不时考查我。为了一节公开课，我常常备课到深夜，教案反复修改几遍、十几遍……每每女儿半夜醒来，看到的都是我备课、批改作业、记录反思的身影。我的努力换来的是一节节优质课，一篇篇教学设计、论文的获奖，这一切女儿都看在眼里。

榜样的力量无穷尽，这样的管才有了之后的不管，而不是单纯地让她向谁学习、怎样学习。零散的榜样看似形散，但神未散。我们夫妻俩的榜样行为让女儿深深懂得付出就会有回报，只要努力就能学会。所以才有了女儿为了参加跳绳比赛，从完全不会跳到坚持练习一个月最终进入决赛的成功；有了突然转入城里学校，因知识面窄，学习跟不上时的迎难而上、丝毫不气馁的学习劲头；有了九年级在不适应学习时间的改变而成绩突然下滑时按部就班学习，努力适应的坦然面对……

写到这的时候，突然感觉零零碎碎，着实是散，可转念一想，虽形散，却也是在表达着我们教育女儿的理念——神未散。我们对女儿的教育正如散文一般，形式上点点滴滴，看似凌乱，随心所欲，但正是这份凌乱十几年千丝万缕地连成一线，让女儿成了社会上流行的专有词——"别人家的孩子"，这就是神之所在！

养育儿女，就是在书写一篇散文。它不需要有固定的模式，不需要有太深奥的语言，只要形散而神不散，书写者甘之如饴，被书写者阳光向上，就是世间最美的散文！

Chapter 2

家校共育：配合越好越成功

苏霍姆林斯基说过，教育的效果取决于学校和家庭教育影响的一致性。如果没有这种一致性，那么学校的教学和教育过程就会像纸做的房子一样，特别容易坍塌。老师和家长是同一战壕的盟友，需要同频同振、同心同向，如果逆向而行，很可能会导致军心涣散，让孩子变成最大的受害者。

——郗会锁在2018级学生家长委员会成立大会上的讲话

用爱呵护健康成长

(28班张百岳家长)

有人说,为人父母,从来不需要任何的考试,但却是这个世界上最难解的题目。

我是两个孩子的妈妈。儿子张百川高中就读于衡水中学,2018年顺利考入天津大学。同年8月26日,女儿张百岳满怀着"追求卓越"的梦想也来到衡水中学。

说到孩子的教育问题,我虽谈不上有什么可圈可点的成功经验,但是在"解题"的过程中也有一些感悟愿意分享给大家,那就是用爱呵护成长。

一、要接纳孩子的情绪,真正做孩子的知心朋友

我的儿子张百川初中就读于五中,开学军训,不小心扭伤了脚,把他接回家以后,孩子哭诉军训的艰苦和生活学习上的种种不如意,说不想上学,打起了退堂鼓。面对这种情况,我确实始料未及,因为孩子自打上幼儿园开始,学习于他来讲一直是很轻松很快乐的事情,没想到因为这么一点点困难居然萌生退意,说好的坚强和勇敢哪去了?我很生气,这么多学生,为什么别人能适应,你就不能呢?孩子很听话,我训斥几句,他肯定选择继续上学,可这样也许只会得到孩子表面的顺从,于是我隐藏了不良情绪,选择了拥抱、倾听、分析、疏导,同时积极和老师、同学沟通交流,共同帮助孩子适应环境。直到今天,每次回忆起这件事,儿子都会开玩笑地说,幸亏当时爸妈没有板起脸来只给我讲大道理,而是设身处地地站在我的角度来帮我,我觉得是父母的理解给了我战胜困难的勇气,要不我哪能心甘情愿地在五中这么艰苦的条件下还能甘之如饴?

同样,女儿在刚入学的时候也遇上了自认为过不去的坎儿。因为留恋原来的班集体,所以自习课上女儿偷偷写小字条说喜欢原来的老师,结果字条掉到地上被班主任郗华芳老师捡到了。慌乱之中她矢口否认是自己写的，虽然老师没有批评她，不过新环境遇上的这个新问题也确实让她感到手足无措，给我打来电话时号啕大哭。母女连心，我很心疼不能在孩子崩溃的时候抱抱她，只能告诉她："妈妈能感受到你此刻的不安。其实这种情绪很正常，老师会理解，绝对不会因为学生想念原来的集体而生气。但是撒谎确实不对，应该在合适的机会向老师承认错误。"师者父母心，后来得知为了让孩子尽快融入新集体，郗老师颇费心思，还特意布置了很多的任务让她了解班级，培养集体荣誉感。百岳现在成了28班最活跃的一分子！我真心感谢在孩子彷徨无助时给予她呵护的每一位老师，相信这一切都会成为女儿美好的成长记忆！

二、要善于进行爱的表达，给予孩子足够的安全感

中国人是含蓄的，很多人羞于直接说出对父母、爱人和儿女的爱。女儿刚开始集体住宿生活，第一次给我打电话说想妈妈了，我郑重地告诉她，爸爸妈妈很爱她，这种爱是没有条件的，永远不会因为孩子是否聪明、是否漂亮而改变，也不会因为时间和空间的转换而减弱。你在哪里，爱就在哪里陪伴你。无数次电话中关切而深情的话语伴随着女儿顺利度过了那段离开父母呵护的最难熬的时光。作为父母，认真倾听孩子的话，不管是正能量还是碎碎念，孩子肯说，这就是信任，就必须让孩子感受到爱的回应。当然，表达爱的方式还有很多种，例如，由衷地欣赏孩子的一幅画、和孩子探讨一起看过的电影、全心全意地陪伴孩子进行一次假期旅行……只有让孩子真切地感受到父母的关爱，强大自己的内心，才会有力量面对任何困难和挑战，因为他坚信，无关成败，总有温暖而坚实的怀抱永远向他敞开！

三、要放平心态慢慢来，认真感受孩子成长带来的快乐

孩子成长的过程，也是家长不断学习、不断调整自己心态、学会管理自己情绪的过程，尤其是面对孩子的学习成绩时。我和孩子们一样，曾经也产生过巨大的心理落差，毕竟小学阶段孩子一直都是品学兼优的三好学生，来到衡中这所高水平的学校，周围聚集了大批优秀的同学，突然失去了原来的光环，不可避免地产生了焦虑、急躁、失望、无能为力的情绪。可是让我感到欣慰的是，孩子们一直在努力，尽管不能出类拔萃，但在我看来，这个追求上进的过程远比结果更有意义。前几天，女儿和我分享了

衡中故事

她最近的一些感想，我深有感触。比如，一直在拖后腿的数学，她真心觉得用心用脑学习和被动地接受老师的灌输效果大不一样，相信自己有能力实现新的突破。再说到持续性自律，以前总觉得不过一节课没有听懂而已、不过一天没有努力学习而已，这都无所谓，其实如果离开了约束，又有多大的毅力来坚守自己最初的梦想？她还体会到学习是一个苦中有乐的过程，如果不能吃下学习的辛苦，就得承受以后生活带来的苦涩，不同的是学习的苦要主动来吃，而生活的苦猝不及防，所以她愿意拼尽全力，让优秀成为一种习惯！说了这么多，也许孩子不一定能够时刻警醒自己、说到做到，但是能有这个认知，也足以让我感受到孩子茁壮成长的蓬勃生机！

感恩学校，给了孩子们"追求卓越"的品质和良好的学习生活习惯。女儿张百岳面对一次又一次不理想的成绩永不言弃，始终保持着屡败屡战的勇气和决心；儿子张百川虽然已经上了大学，但依然没有放慢脚步，积极参加了数学竞赛、建模大赛、雅思培训等，并取得了优异的成绩。作为父母，在关注孩子的同时，我们也要努力提升自己，用自身的一言一行教育引导孩子，让追求卓越真正成为一种深入内心的精神力量和对未来梦想的不懈追求，期待这份力量支持我们不断进步、不断成长，谱写出追求卓越的崭新篇章！

学习亦如工作，
讲究的是方法和效率

（77班马一诺家长）

亲爱的女儿：

今天是爸爸第一次给你写信，这里寄托了爸爸对你爱的嘱托和希望。也是因为爸爸常年在外地工作，咱爷俩聚少离多，每次见到你，都习惯性地和你比一比身高，发现你又长了一截，突然间觉得我的女儿一下长大了，变成大姑娘了。

爸爸文化水平不高，写不出华丽的语言，谈起育儿，也许妈妈更有发言权。小学阶段，妈妈每天照顾你的饮食起居，还有一个1岁多的弟弟，很是辛苦。而爸爸常年奔波在外，工作又很忙，在你最需要爸爸陪伴的年龄选择了分开，爸爸很无奈也很惭愧，对你的教育和付出如此之少。一晃你已经是12岁的大姑娘了，并且通过自己的努力考入了梦想的初中，开始了寄宿学校的生活，爸爸见你的机会从此越来越少了。爸爸真的希望你永远不要长大，这样爸爸每周末回家就可以随时看到你了。写到这儿，爸爸想你了！离开家，步入衡中，每天和那么多优秀的老师和同学在一起，相信我的女儿一定早已适应了这种寄宿生活。记得有一次爸爸从外地出差回来，正巧赶上你周末回家。听妈妈说，你这次没有考好，心情很低落。见你在自己的房间里写作业，我敲门进去给你送了点水果就回到了客厅，这时候你从房间里跑出来对我说："爸爸，我生物一点儿也听不懂，地理也不会，学起来太难了。"我随口问你："闺女这次考试成绩如何？"你低声说："这次没有考好，考了全班第22名。"看到你一脸沮丧的样子，我拍拍你的肩膀说："过来坐，爸爸给你看样东西。"我打开了自己的工作电脑，先找出一篇工作复盘的PPT，里面涵盖了8个同事的工作数据。我的业绩是第一名，而且远远超过第二名、第三名一倍之多。这时候在一旁观看的你开口问我

衡中故事

是怎么做到的,我随手又打开一篇工作周报说:"来来来,爸爸给你仔细讲一讲爸爸的工作。"我每周末都会习惯性地写工作总结,大致包括以下几方面。那天爸爸跟你讲过,今天再说给你听,希望你能常常记得。

1. 业务的认知。
2. 本周的工作。
3. 业务的进展。
4. 遇到的问题。
5. 下周的计划。
6. 总结与反思。

爸爸每周的工作大概是从这六方面去梳理的,下面爸爸再给你讲一讲这几个方面的经验和感悟。

1. 业务的认知

可以理解为日常的工作方向和目标,如何去努力完成。

2. 本周的工作

很好理解,就是这一周完成的每项工作的指标和细节。

3. 业务的进展

包括每项工作数据以表格的形式呈现和罗列出来。

4. 遇到的问题

就是在一周工作中遇到了怎样的困难。比如,和部门无法直接达成合作,或者客户无法按期付款,等等。

5. 下周的计划

提前规划下周需要完成的任务和目标。

6. 总结与反思

总结一周下来,哪些工作完成是超出预期的,哪些是不足的。反思一下工作中的方法哪些可以进一步优化和改进,哪些目标需要进一步调整,等等。

讲到这里,爸爸那天就把话题瞬间转移到刚刚和你聊的学习上。其实工作和学习都是一样的,讲究的是学习方法和效率,当然专注性也很重要。比如,小学只有语数英三科,内容不是很难,平时稍微仔细一点几乎都可以考到满分。但是到了初中就不一样了,学科变多了,题型难度增大了,同学之间的竞争变大了，而且最主要的是你们的学习时间都是一致的，你休息时别人也在休息，你学习时别人也在学习。一起读书，一起上课，那为什么有的能考第一名有的只能考最后一名呢，如何突破呢？这其中讲究的就是学习方法和学习效率，和爸爸工作中的方法几乎是一样的。首先你应该熟悉自己在各个学科上的薄弱点，设定好目标，规划好每一天、每一周的学习方向和目标：重难点要及时突破，不耻下问；易错项要做好易错累积笔记，反复多加练习。利用自习和复习的时间，提高自己的弱项，不要跟风学习，意思就是说不要别人背什么你背什么，哪些会了就不需要再浪费时间了，哪些不会就需要更多的时间去突破。做好自己的时间管理，提高学习效率和专注力，总结有效的学习方法，和比自己强的同学交流学习经验等。相信你规划好每一天的目标、每一周的目标、每一个月的目标，利用高效的学习方法去实践，满意的结果和成绩肯定会如期而至的。

我记得讲到这里时你恍然大悟了，接连点头，脸上也露出了一丝笑容。爸爸希望你记得那天爸爸说过的话，能把爸爸工作中的方法灵活运用到学习中去，期待你日后在学业上能有所突破。爸爸相信你可以的，加油孩子！

爱你的爸爸

在对话中成长

（78班刘议泽家长）

元旦前夜，我和儿子穿得很暖，从必胜客出来，准备溜达着回家。商场外的霓虹灯装点着城市的繁华，跨年的舞台已经搭好，主持人正在热场。我纳闷儿地看着小丑的脸，想搞清是面具还是妆容，儿子推着我说，快走吧，怎么像个孩子。

走在街上，风有一点凉，但不会觉得太冷。路上我们聊天，儿子给我分析每一位老师的性格特点和授课风格，告诉我最喜欢的数学老师课讲得如何好、人如何正直。讲起外教老师，他眉飞色舞，说她有点"强迫症"，注重书写，经常要求他们"leave blank lines"。我问能听懂吗，儿子回答说讲得没那么难，可以听懂90%。再说起音乐老师，儿子满眼钦佩，说上课生动有趣，连乐理知识也不会让人觉得枯燥。儿子吐槽我没让他学小提琴，实则是学习钢琴用掉了7年时间，再转其他乐器很不现实，这是儿子的遗憾，也是我的遗憾。

我很在意儿子在学校和同学的交往，问他在同学眼里是什么样的人。儿子开玩笑说，有人说他像穿着军大衣、水杯里泡着大红袍的老头。确实，儿子有时会独行，随手拎着水杯，杯里泡着茶、枸杞或者菊花，班主任也打趣他提前养生。儿子心思敏感，比较在意别人的性格、习惯、待人之道，这让他有点挑剔，会觉得很难遇见同道中人。这样的想法有点危险。我告诉他，世界上没有十全十美的人，都有长处短处，别人看你也会发现你的问题，所以，你要交三五好友，若干年后回忆才是多彩的，有一起生活的点点滴滴，有共同经历的美好时光。儿子说："我明白，在班里我还算得上风趣幽默的。班会上我给大家讲香港，同学们听得云里雾里，讲完了老师说讲得好、讲得妙。"我问都说了什么，儿子说就是以前看过的书、听到的新闻和去香港博物馆了解的。我很开心，能与人分享也是种能力。

儿子会八卦学校的趣事。说起长相，他说："我不在意自己的长相，又不是去当演员，只要别人看着不烦就行。"他对穿戴也没要求，唯一喜欢的就是钢笔。我告诉儿子："一个人还是要看气质、素养、人格魅力的，你的气质就很好。"我不希望儿子对此不自信，能有自己的风格并保持风格不是件坏事，艺术修养、社交礼仪、教养风度也很重要。用钢笔写字能给儿子带来极大的心理满足，他说，如果没有接触到钢笔人生会失去很多乐趣。他擅长模仿别人的字体，也懂得研究，所以即使没学过软笔书法，写出来的字也有点意思。

学生的小摩擦、学业上的苦恼、未来的向往，零零碎碎的话题，我们有一搭没一搭地说着。回家的路不算长，但我们是彼此路上最重要的伙伴。入学衡中四个月的时间，我们都在成长，儿子从最初的种种不适应已经变得游刃有余，我也有了更多的时间去思考，去想如何更好地陪伴、如何面对得失成败。

很多时候孩子似乎只有时间思考学业、课外活动及个人事务，无暇考虑周围的事情，对话可以使我充分了解他目前在群体当中的困扰是什么、关系怎么样、当前关注的问题是什么。通过对话培养他的批判性思维，学会如何思考，多站在别人的角度思考问题，培养出强大的共情力。好好说话是家长最重要的一种能力，会让家长与孩子获得不一样的眼界，让彼此心意相通。我很喜欢这样的对话。

衡中故事

一位衡中家长给孩子的一封信

（511班高涵家长）

亲爱的孩子：

你进入衡中已经近一学期了（这是全家的骄傲），班主任老师说你非常努力，我们很欣慰。上次回家时偶然听你抱怨时间太紧了，拼得很苦。我要说的是："泪是酸的，血是红的，拼搏的生命是最美丽的。"这是童年的经历给我最大的收获。

我小时候咱家有十多亩桃园，放假了，你爷爷让我帮家里摘桃、卖桃。一大早，父亲把我喊醒，天刚蒙蒙亮，也就4点多吧，我打着哈欠，深一脚浅一脚地走在乡间土路上，路旁地里的小虫轻轻地叫着，草丛中的晨露打湿了裤脚。到了桃园，我搬来高脚凳，把笼子放在左臂上，踩着凳子去摘高处的桃子。树枝一动，细细的桃毛乱飞，有的飞到胳膊上，有的从衣领飞到衣服里，浑身上下痒得难受。摘满了一笼子就随手放在地上，又开始摘下一笼子。凑够四笼子，就一手两个提到地头，由母亲拣出来放到专门的塑料箱子里。四个笼子加在一起有六七十斤吧，我猫着腰，一步一步往前跨，走几十步就得歇一会儿。到了上午10点多的时候，炙热的阳光直射下来，一丝风也没有。桃园里又闷又热，身上的汗从脸淌到脖子再不停往衣服里流，又热又湿又痒，好像有无数的小虫子在身上爬，想抓挠但不敢，因为手上都是桃毛，越挠越痒。终于熬到11点，收工了。拖着沉重的步子回到家，到院子里打几盆凉水，劈头浇下去，很清爽。真是累得吃着饭也直打瞌睡。下午狂风突起，大雨如注，难得地补了一大觉。4点多，雨过天晴，父亲带着我们去地里捡桃。大风把树上的桃子打落一地，我光着脚提着笼子在泥地里跋涉。弯着腰走来走去，终于捡完了，累得腰都直不起来了。父亲踩着三轮车，我在后面推，满满的一车桃，压得车吱吱直响。上坡时，我拼命推，但地上滑，车还是不断地往后退，有两箱桃子滚了下来，父亲暴怒地训斥我，我赶紧去捡。记忆中的这一刻至今仍异常清晰。夕阳的余晖中车来人往，下班的人流中，一个少年望着在马路上滚动的桃子，不知道去捡哪一个，满是尴尬无助。到了市场上，这一箱四十来斤的桃子只卖五块钱。一个下午的辛苦，半年耕作的一车收获，只值四十多块钱。这样的日子一直持续到8月1日，当所有同学埋怨天热不愿补课而怨声载道时，有一位同学甘之如饴。从此，教室里多了一个勤奋的身影。因为他知道在青春的某个时间点学习和拼搏的重要性高过一切。

孩子，希望爸爸的故事给你启发。你要无所畏惧，你要学会孤独，你要逼出自己最大的潜能。没有人会为你的未来买单，包括我和你妈妈，你要么努力向上走，要么烂在社会最底层的泥沼里，这就是生活。人生中青春和拼搏是最不能辜负的，因为没有伞的孩子只能努力奔跑。记住，下次再想到苦时，问问自己有伞吗？

除了青春和拼搏之外，人生还有什么是不能辜负的？那就是对你好的人、在意和关心你的人，不管是父母、老师或者同学，哪怕只是一个路人。前几年冬天你奶奶住在咱们这儿，有一天拿出一双新袜子给我，我说："妈，我有穿的就行，买它干吗？"奶奶说："你袜子上有个洞，没看见吗？"我恍然，还真没注意。现在想想这也只是一件小事，但我想告诉你的是，在我们眼里的小事，但在关心你的人心里却是一件大事。还记得你每次返校，妈妈都拼命往你包里塞吃的、塞衣服，怕你饿着冻着，而你每次都嫌沉，一脸的不情愿。这些天寒潮来袭，每天都听你妈妈念叨说也不知道孩子冷不冷，知不知道多穿点。也许这些事在你眼里是小事，但在我们心里却是大事。孩子，希望你明白，假如你生命中遇到一些把你眼中的小事当成大事的人，不管是谁，你都要对他好，不要辜负他，要学会珍惜。学会这些，你的生命将永远与幸福相伴。

最后，在这封信的结尾，我要对你说的是："最值得被等待的是将来的自己，因为现在勇敢，将来的你才会更加出众。而且不论是现在还是将来，任何值得到达的地方都没有捷径。每一个轻松的笑容背后，都有一个咬紧牙关的灵魂。"这段话也致敬所有努力拼搏的衡中学子。

爸爸

所有梦想都开花

（517班马翼腾家长）

不知道从什么时候起，衡中成为一个神话，成为所有孩子的一个梦想，一个会开花的梦想。

上六年级时儿子就和同学约定，好好努力，一起上衡中！为了这个几乎是所有孩子的朴素梦想，他一直努力着、奋斗着。

下学期的每一次考试都牵动着我和孩子的神经，期待总是藏在每一次考试的背后，一团迷雾后面通往衡中的路不知道有多远。

孩子努力地对待每一次考试，我也使出洪荒之力全力塑造孩子的美好形象。我可以用"绞尽脑汁"这个词吗？因为我家孩子面临着其他孩子没有的一大障碍——衡中从来没有在他们学校招过生。但是为了孩子的这个梦想，我们准备全力以赴！

我把物探三分校的素质教育理念、孩子每一次成长活动信息努力地传递给招生老师，希望可以用我的真诚、孩子的努力敲开衡中的大门，希望我们可以缔造一个神话、一个传奇。每次考试都是一个希望，招生老师总说的"下一次"带给我们的是迷茫，而迷茫之后是又一次精神的崛起。

九年级的期末考试显得那么关键，可儿子偏偏这时候发起了高烧，39℃多，吃了退烧药，过一会儿又烧起来。我的意志被一点点蚕食——心疼孩子啊，我是当妈的。高烧已经是第八天了，我决定让儿子放弃考试带他去北京。儿子果断拒绝，为了上衡中这个梦想，他执拗地想再拼一把，无论怎么劝说都无济于事。

儿子在阶梯教室考试，我在阶梯教室外徘徊、流泪，每一分每一秒对我来讲都是煎熬。对杀红了眼的儿子来说，他是一名战士，这场艰苦卓绝的战争他必须打完；对我来说，内心被撕碎的煎熬磨砺着我的神经。

考完试之后，我马上带儿子去了儿童医院，查明病因是支原体肺炎。第十天的时候，儿子的烧终于退了下来，我如释重负。

衡中的梦想给儿子略显单薄的身躯注入了怎样一种执着向前坚不可摧的力量啊！

儿子远比我这个当妈的坚强。这个经过了锻造的梦想一定会光芒万丈。

期末考试之后迎来了面试。我们欣喜若狂。通往春天的地铁，马上就要开来了！

马上就要签约了！我们这样期待着，也这样梦想着。

回家的路上下起了大雪，路上隔三岔五的车祸让我们小心翼翼地滑行。通往衡中的路也许从来不是坦途。

儿子的星光在那群神采飞扬的孩子们的光芒面前不再那么耀眼。衡中这个高大上的平台近在咫尺却似乎又远隔天涯，绚丽得像海市蜃楼。

我们的等待又一次石沉大海。

备战一模，儿子考出了高分，结果徐水一模泄密了，这是一张石家庄考过的试卷。这个玩笑开得有点儿残酷，给希望的火焰浇了一瓢水，家长直接把电话打给招生组，我们的努力被无辜地扼杀。

备战二模，为防止生源外流，二模试卷要等到中考以后再判了，儿子的成绩无法与徐水其他学校进行比对，又是一次没有意义的成绩。

内心的无奈无以复加。

眼睁睁地看着衡中的大门就要缓缓地关闭了，艳羡地看着那些拿到入场券的同学，心酸复杂只有自己知道。我佩服我的儿子，他从未放弃，衡中招生老师一句"看中考吧"又点燃了儿子奋斗的火焰。我打趣说，儿子，为了衡中，你这是要成为圣斗士吗？我用表面的诙谐掩饰着内心的惶恐，那个梦想破灭的惶恐。衡中，是孩子的梦想，也是我的梦想，一个高不可攀的梦想。

我佩服儿子的坚强执着。他问我："妈，我还有希望吗？"我说："儿子，有。中考是最公平的竞争，不再会因为不了解你们学校而质疑你所报的成绩。儿子，努力吧！"我用表面的决绝掩饰内心的放弃，儿子却坚定地点了点头。也许我是对的，怀揣梦想的人很美。

其实，中考也很美好。

衡中故事

考场旁有免费的水,物探会有"中考加油"的话,路上有"进入考区,禁止鸣笛""听力考试,车辆绕行"的标语,各科老师全天陪考,就连食堂的饭也变好了……

2019,毕业快乐!

石二的老师早早地打来电话,催促我去领通知,其他学校也陆续打来了电话,可是迟迟未见衡中打来的电话。

衡中的大门马上就要关闭了,就在这时,一个电话从天而降,如同上天伸出一只手把儿子拉了进去!这种感觉我无法言说!绝地逢生,多年以来的努力仿佛在这一刻得到了回报,往事回闪,喜极而泣,我和儿子拥抱在一起!那一刻,云霄变得那么美好!

儿子带着物探三分校的自豪迈入了衡中的大门,当妈的,喜悦后的担心潜滋暗长:他能适应激烈的竞争吗?从没离开过家的他能适应集体生活吗?所有的顾虑在儿子的一句"我们学校特别好"之后烟消云散了,激动喜悦溢于言表,心情是那样的明朗!

一调前300名,二调600名,让入学成绩3000多名的儿子备受鼓舞!我小马过河的忐忑心情也得到了慰藉。

生活的游戏总像过山车。

期中考试,儿子又发烧了!在这个奋力攀爬的竞技场,你一分钟的懈怠都提供给了别人超越你的理由。儿子名次1800名。

一连几天,没有接到儿子的电话,叫小班告知儿子回电话,仍然没有接到电话。我的内心开始翻江倒海。这个事实真的不好接受啊,比这更难接受的是儿子的内心怎样承受?我没有接到电话啊!

熬到接儿子的时刻了。在宿舍里我见到了儿子,他扭着头,我能感受到他内心的挣扎,努力不让眼泪掉下来。喧闹的宿舍里,我努力岔开话题,给儿子收拾东西,装作没看见他眼里隐藏的泪光。当所有人都走了,儿子坐在整理箱上,眼泪不可抑制地掉了下来。儿子说:"妈妈,我对不起你,我没考好。"没有人看见我心里的泪水决堤。儿子从来没有哭过,他永远都是我坚强的臂膀,他是小小男子汉。心疼啊,心疼啊。我努力地笑,对,是"努力",我不能让儿子看见我的脆弱。我淡淡地说了一句"这都不叫事儿",想用我的云淡风轻弱化儿子的悲伤情绪,果然起到了效果,儿子停止了哭泣。但这个打击对一路阳光、鲜花、掌声的他有点儿大，我明白挫折教育是儿子成长中的盐。

之后，我给他写了一封长长的信。

儿子：

　　妈妈写这封信，是想和你谈谈心，希望你看到这封信能够坚强乐观起来，笑容所到之处可以驱散一切阴霾！

　　对于你，妈妈从来没有拿来作为炫耀的资本，你带给妈妈的从来都是温暖。小时候去商场，你总是紧紧地拉着妈妈的手，怕妈妈走丢；妈妈想要节日礼物，你就拿出自己积攒的所有压岁钱，给妈妈买了精致的手镯；天气骤变，你央求不经常出门的奶奶把新买的棉鞋先给我穿，说改天自己再给她买一双。那一年你只有5岁。你的爱让妈妈泪目，这种温暖是无可替代的！

　　儿子，妈妈告诉你，这个世界上最重要的东西是健康，是亲情、友情。一个健康的身体、一份平和的心态是走好每一步的坚强基石，这两样东西是人生无往不胜的法宝。妈妈希望永远看到那个阳光快乐的男孩，那个坚持不懈的男孩！人生的路不止一条，人生的路只有向前，这向前的路也总是像唐僧取经一样经过九九八十一难。我们总是在困难和挫折中变得坚强、变得睿智。我们会摔跤，但也总有一种信念支撑着我们勇敢地爬起来，去与困难做斗争。

　　妈妈相信顽强的意志能支撑着你一直努力下去。妈妈骄傲的是你为目标执着努力、永不服输的心态。你所欠缺的是一份平和的心态，容易被一些人和事影响，一定要坚如磐石，能影响和改变你的只有你自己！

　　你说这次考试的成绩不要对别人说，这是太在意别人的看法，你觉得这是一件丢人的事儿，正是这种想法成为你的负担。要学会敞开心扉，寻找情绪宣泄的出口，用最快的速度调整好心态，迎接新的希望和挑战。与王昊、邓贺兀、王钿清这些热心有能力的智者的交流，无疑会使你走得更快更远！

　　上高二的昕原现在年级前十，她也是在一次次波动中慢慢成长起来的。她成功的经验是：每次考试之后分析试卷的得分点、失分点；积极主动地

衡中故事

找老师。老师能对症下药，找出解决问题的办法，这是一条快速高效的捷径，你一定要吸取。与智者为伍，你会变得聪明。刚刚考取清华的邓贺元说考试失误、失落是正常的，但一定要睡一觉起来接着干。听了他的话我都信心倍增呢。衡中相信的从来都是实力，从来都不是眼泪。眼泪不一定咽在肚子里，可以一边让眼泪飞一边奔跑。

努力会有两种结果，成功了不能骄傲，失败了不要气馁。挫折是你生命中的盐。

人生就是一个赛跑的过程，你的心态决定着你的成败，当你心里一直装着不服输的信念，朝着目标不断努力，你就一定会跑到成功的终点。成功的不一定是最聪明的人，却一定是永不放弃的人。

爱你的妈妈
12月1日

又一个打击来了，分班依据期中考试成绩占比50%，儿子被分在了实验二系列。一连几天，没有接到儿子的电话。我跑到衡水，借口同学有事儿，找理由去看看儿子。他的眼神告诉我他内心巨大的压力。母子连心啊。

分班后的第一次周测，儿子班级排名二十多，我心里着急，帮不上忙啊。我想叫老师告诉他回个电话，被爱人拦住了。他说，让儿子学会自己成长。

放假了，我接到了儿子，从他的眼神里看到了坦然，没有我想象的颓唐。我，看到了重生的光芒。那一刻，我内心释然了。我觉得爱人是对的，路总归是要自己走！

在车上，儿子诉说着自己的心路历程。他说衡中没有时间颓废，会被一群人推着、赶着奔跑！到了衡中，已经习惯了奔跑。

衡中就是这样一种信仰！它之所以成为梦想，也是因为这样一种精神，这样一种力量！

成长的路注定没有坦途，那就让儿子这样一路向前。挫折和苦痛是人生的必修课，让儿子去享受吧。

不管最后高考怎样，这种精神、这种力量都会成为儿子一生的财富，让他在困难面前披荆斩棘、砥砺前行!

风霜后的阳光,阳光下的白雪总是相映生辉!

感谢衡中,让我和孩子一起成长!

衡中故事

只愿孩心知我心，定不负父母恩

（761班赵雅茜家长）

我是761班赵雅茜的妈妈，我的职业是一名高中老师，谈到在教育孩子的过程中家长如何管理孩子，我最深的一点体会就是通过书信的形式和孩子交流是一种很有效的沟通方式。孩子从小学到初中再到高中，我因为忙于工作没有时间陪伴，也常常忽略孩子，孩子免不了有抱怨的语言和疏远的情绪。我注意到这一点后，觉得家长在孩子成长过程中定时沟通太重要了，所以后来只要发现孩子情绪上或其他方面有了问题，我就会抽时间给孩子写一封信来沟通、交流。慢慢地，孩子也能敞开心扉和我说心里话了。融洽的亲子沟通真的可以增进彼此间的感情、增强孩子的自信心，让孩子在良好的亲子关系中感受到被爱、被欣赏、被接受，进而树立积极的自我形象和健康的人格，走上成功的人生之路。下面略举我写给孩子的几封信来浅谈一下我在孩子遇到问题时的做法。

亲爱的茜茜：

昨天晚上你给妈妈打了电话以后，妈妈真的感觉有必要和你深谈一次了。在爸妈的心中，在所有亲人的心中，你一直是个懂事、孝顺、品学兼优的孩子，所以我们已经习惯了你的优秀，妈妈更是如此。小学、初中、高中你也一直是妈妈的骄傲，没让妈妈费过心、劳过神，你一直很努力，做得也很好。可是今年高三了，妈妈感觉你的状态一直不佳、信心不足、精神不振、惧怕考试，让你总是处于悲悲戚戚的状态，你总会哭着对妈妈说自己付出了很多却总没效果。茜茜，妈妈感觉你气馁了、想放弃了，你对自己没信心了。可是茜茜，妈妈想对你说，学习从来都不是一蹴而就的，它必须经过一个漫长的艰辛和坚持的过程才可以看见效果。茜茜，妈妈还想告诉你的是许多比你聪明比你牛的孩子都比你努力得多，他们也都是如此拼命地在为自己的未来打拼。所以想超越别人很难，这需要你更有毅力、更有耐心、更有持之以恒的精神方可胜出啊！孩子，我们要做的不是哭泣，不是退缩，更不是逃避，我们只管默默地付出努力，让自己比别人做得都好，不必在意结果是什么。妈妈认为天道酬勤始终是一个真理，我们付出得最多就一定能得到最好的！

孩子，高三一年转瞬即逝，请好好珍惜这难得的属于自己为梦想拼搏的时光吧，在忙碌中理清头绪，在困惑中知道自己该干什么并一路坚持。当你经历了、熬过去了，再回首这段时光的时候，你的心中一定会充满感动和幸福，你也会为自己不枉这段岁月感到骄傲。备战高考是很苦很累的事情，高考前紧张和压力是在所难免的，爸妈无法替代你去承受，任何人也替代不了你去面对高三的一切困难，因此，妈妈希望茜茜调节好自己的心态，正确地理解和释放高三的压力。对待高考真的需要有一颗平常心，保持良好心态，用一种享受的状态去经历高三的每一天，妈妈希望你做一个阳光、乐观的孩子，时刻保持健康向上的生活态度和学习态度。人生的道路还很长，比高考要困难的人生考验还很多，也许你并不是每次都能经受住这些考验，但只要你尽力了、努力了，就可以问心无愧，就可以不用再懊悔和沮丧了！

高三一年，面临巨大压力所出现的紧张、焦虑、慌乱、失望、迷茫、不自信等情绪都非常正常，这种情绪不仅你有，所有的高三学子都会有，因此，你应该学会接受这种情绪，正确地转移、缓解、释放这种压力。茜茜，妈妈知道你这么多年来一直刻苦学习，不断为实现自己的梦想而奋斗着，这就足够了。至于你的付出能够得到什么样的回报，能够考上什么样的大学，现在就不要再想这些了，你只管告诉自己，只要全力以赴地努力过了，就没有什么可以自责和遗憾的了。

妈妈还想告诉你的是高三的模拟考试特别多，茜茜一定要以一颗平常心去对待高三的每次考试，这无非是高考前一次次让你们查漏补缺的练兵而已。不要慌乱，考前认真准备，考后认真总结、从容面对，找到自己的不足和今后努力的方向即可。每次考试前都对自己说："面对这场考试我已经准备好了，我一定能行！"孩子，一定要相信自己，人之所以能是相信能！妈妈知道你心中有自己理想的大学，你必须要为能进入你梦想中的大学而拼尽全力，但妈妈还希望你懂得名牌大学的录取通知书也不是你今生畅通无阻的通行证，不上名牌大学取得人生成就的人也比比皆是，所以将心放坦然一些，放下一切包袱和杂念，轻装上阵，快乐学习，好好享受自己的高三生活，微笑面对平时的考试和明年的高考吧。无论结果怎样，你都是妈妈最爱、最优秀的女儿！

  孩子，最后妈妈还想告诉你的是一个人在成长的过程中总是要经历不同的风雨的，高考要经历的也是你的人生所必需的，只有经历地狱般的磨炼才能拥有创造天堂的力量。孩子，加油，妈妈相信我的女儿今后的日子定会越来越坚强越来越优秀！茜茜一定行，一定是最棒的！

妈妈
10月16日

茜茜：

  关于高三，关于学习，妈妈好像已经对你说了太多，所以妈妈这次想和你谈谈妈妈的学生们。你也知道妈妈连续6年都是复读班的班主任，所以妈妈很清楚复读生所承受的压力应该比应届高三要大得多，而且妈妈学校的孩子们从基础知识的储备和学习的综合能力来说比不过衡中的学生，更无法和重点高中的孩子比，但是他们在最后的高考中也能超越很多重点高中的孩子创造了自己高考的奇迹，进入了自己比较理想的大学学府。茜茜，妈妈想和你探讨的就是，你认为他们是怎样取得成功的呢？

  我的学生张晓东，高中三年早恋、上网，荒废了很多的时光，复读一年浪子回头拼命苦学。他刚进班的成绩是班里倒数，很多知识都要从头学起，他在床头贴上"燕山大学"的特大标语，每天早起和入睡前都要看一看，在心里默念一遍："我一定要考上燕山大学！"以后的日子他是班里最勤奋、最执着、最坚强的孩子，有时候甚至连脸都不洗，头发也总是乱蓬蓬的。他的生活简单地只剩下了苦学，他的成绩在模拟考试中也总还是倒数，但他带着这种耻辱用一种破釜沉舟的心情和现实做最后的搏斗，努力，努力，再努力！坚持，坚持，再坚持！他的手中没有别的砝码，只有努力！那真的是一种很悲壮的情怀，是一种砍掉所有退路的拼搏的美丽！最后在一模考试中他的成绩让所有人吃了一惊，在那年的高考中他成为一匹野马，冲进了他梦想中的燕山大学！还有李飞、张腾、牛伟等很多学生的故事妈妈都曾经给你讲过，他们的故事都揭示了一个真理：人生只有拼出来的美丽，没有等出来的辉煌！只要心无旁骛专注地去追求自己的梦想，敢拼能拼，能吃苦能坚持，一切皆有可能！

茜茜，还记得妈妈给你推荐过的那篇文章《你凭什么上北大》吗？那个在高一差一点把自己废成一块锈铁的主人公突然间觉醒了，觉得自己的一辈子不应该那样吊儿郎当地过去，于是开始尝试着去努力。她简直不敢相信那个早晨6点早自习上课到晚自习下课一动不动坐在座位上安安稳稳、踏踏实实的人竟然是她自己。一段踏实的学习之后，她在一次考试中取得了第一名，她相信了这世上没有什么事情是不可能的，而所有成功的方法只有一个关键词"刻苦"。她在心里对自己说："等着吧，这世上没有什么不可能的事情。"她从来不知道压力大到一定程度时居然可以把人的潜力激发到那种地步。她那段时间表现得无比耐心沉稳，踏实得像头老黄牛。事实上她曾无数次处在崩溃的边缘。五本高中历史书她翻来覆去背了整整六遍，一边背一边流泪，真的是差一点就背不下去了，只是她告诉自己忍不住的时候再忍一下。坚持的确是世界上最伟大的品质，所以她成功了！因为在最艰难的日子里她坚持住了，她熬过来了！

孩子，其实成功者在备战高考的无数次的考试中，每个人比昨天更加明白理想和现实之间那不可逾越的鸿沟，但他们不气馁、不放弃，只是比昨天更加拼命更加努力，逼着自己埋进去，埋进书本，埋进试卷，埋进密不透风的黑茧——为的只是有朝一日破茧成蝶。茜茜，真的是如此，所以把高三的生活当成一种历练吧！只有经过痛苦的感知与蜕变，才能创造属于自己的奇迹！就像那个考入北大的女孩所说，哪怕北大只有一个招生名额，为什么考中的那个人不可能是我？这世上没有什么事情是不可能发生的！

茜茜，在高三的岁月里，妈妈也想告诉你，在这个过程中，最重要的是你自己！为了一个认定的目标而奋斗，专一地、单纯地、坚决地、心无旁骛及至与世隔绝地去拼一回，"尽吾志也而不能至者，可以无悔矣"。只

衡中故事

要我们把这个过程过得充实而有意义，只要我们全力以赴、真心拼搏过了，那么结果怎么样就不那么重要了。所以，孩子，做一个快乐的、阳光的、乐观的、充满正能量的、有信仰的"珍珠生"吧，在爸妈的眼里，无论成败，无论怎样，你都是最美的最耀眼的珍珠！

妈妈
11月16日

　　以上是我在不同时期针对孩子出现的问题给孩子写的几封信。通过书信的方式和孩子沟通之后，孩子也慢慢地理解了父母，慢慢地学会了感恩。我一直以为在孩子的教育过程中让孩子成为一个阳光向上、积极乐观、懂得感恩、有团结协作精神、懂得奉献、拥有健全独立人格的孩子比考上名牌大学更重要，因此就让我用孩子写的一段话来作为这篇文章的结尾吧——

　　我不想当爸妈老去的时候给你们撑不起一个安详的晚年，这就是女儿该好好努力的理由。我要赚许多的钱，带你们去环游世界，看最美的风景，拍最美丽的照片。我想去芬兰看极光，去乌斯环亚——世界最尽头的一座城，去纽约帝国大厦之顶，去蒙大拿州的冰河国家公园，去加拉帕格斯群岛的水下世界，去稻城亚丁，去意大利的古罗马斗兽场，去所有美丽而又伟大的地方，这是女儿最最最最大的梦想！

激发·唤醒·鼓励

（767班王浩楠家长）

衡中很神奇，在业内是一个神话般的存在。

一、初到衡水

7月，我在登封培训，儿子在新乡学习。接到儿子想去衡中学习的信息，我们家召开了一次"电话视频"会议，当时我对孩子提出了三个问题。

一问：如果同去的其他同学不去，只有你一个人去，还去吗？

答：我是去学习的，有无同学做伴并不重要。

二问：如果成绩排名一直较后，能一如既往坚持学习吗？

答：能坚持。我理解不必过于关注名次，重点关注发现问题，分析解决问题。

三问：如果去了，中间出现与老师或同学相处不融洽的情况，怎么办？

答：学习之外的其余事都不是问题。

最终，形成了家庭决议：成长经历重于高考结果。我们尊重并支持儿子的选择。

8月17日，我们启程赴衡，孩子义无反顾地走进"神奇"，希望创造一个属于自己的"神话"，身为父母唯有支持和帮助。

二、再往衡水

10月4日，我和妻子再到衡水，和儿子过了一个意义不凡的愉快周末。8月17日到10月3日计47天的时间，让其他家长朋友捎过一次"补给"。其间，我通过与孩子的电话沟通，关注他在衡中的即时信息，并结合当天与孩子沟通的信息，综合分析后和儿子讨论了四个问题。

1.错误是最好的学习资源

刷（考）很多题才能发现学习中的问题，一定要利用好暴露的问题，分学科、分章节、按知识系统归因，注重笔记运用，从问题中寻宝。

2.立志考清北，但目标尚处于"犹抱琵琶半遮面"状态

学习目标要明确说出来逼自己下决心："王侯将相宁有种乎！""清北我也可以试试。"为帮助孩子明目标、下决心，我给儿子讲了哈佛的一项实验（被调查的哈佛大学生有明确目标的与没有明确目标的，在之后十年再调查中所取得成就的反差），讲了日本马拉松选手山田本一的故事。

3.创造"学习巅峰"状态

儿子较之前更沉稳安静，专注度较好，比较注重学习方法策略。我建议儿子继续优化方法，提高专注度，深度静下来，尝试创造一个属于自己的"学习巅峰"状态。我中考那年从班里倒数第二名一跃成为第一名，英语成绩从34分到中考88分，全班第一。"动透静深"是我对不受外界干扰，享受学习沉浸于学习过程且思考力及学习效率极高的最佳学习状态的概括描述，这样的巅峰学习状态使我受益，至今我都感慨这段经历难以复制。由于4日当天进衡中见到了语文老师，语文老师也谈到了自己的学习巅峰时段，我也引为佐证，鼓励孩子调整好状态，专注于学习，排除一切干扰，一定能创造出自己独有的巅峰学习状态。

4.与老师有"嫌隙"

我老家本地学校班级人数较少，孩子相对能较多地感受到老师的关注。而衡中学生高手多，班级人数多，孩子成绩不靠前，心理落差较大，总觉得不被老师重视。高中阶段的孩子，认知基础尚且嫩稚，独立人格渐成雏形，对自己所遭遇的缺乏自我解释能力。我对孩子进行了启发式谈话：来衡中的初心是什么？有没有感受到明显的自我革命？有没有感受到有一个优于以前的自己？你能感受到老师面对庞大班集体的压力吗？在自己所追求的远大目标前，还有哪些是不可以忽略的？

这一次看望儿子，慈爱的妈妈给孩子留下了一个MP3——孩子说晚上入睡困难，想以此改善睡眠，对我来说又多了一个要解决儿子失眠的问题。

三、三临衡水

10月25日，我去衡中参加了家长会。之后结合俞敏洪《愿你的青春不负梦想》写了一篇《相信相信的力量》，分为四方面。

1.说说目标

你是草还是树；未来不可判断。

2.目标的力量

何为志气；看见未来；怎样奋斗；5%的优秀人才从卑微中来；闻过则喜的你很厉害。

3.力量从哪里来

对未来的期待；信念的力量大到令自己难以置信。

4.重在当下

机会就在手中；无悔青春；让自己值钱。

晚饭时间，我结合卢洪涛老师的班会讲解，从高考考家长（家庭教育指导能力）、考学生（分数，更重要的是分数背后的品质）等给孩子进行了五方面的"微分享"：以终为始，相信自己能够创造属于自己的预期；专注沉静，一定能充分激发自己的潜力；反观自我，明白从哪些事和哪些学习经历中得到历练从而形成了哪些品质，用心体验，明白成长；掌握"文理交叉先难后易"的学习策略，尽力提升自己的薄弱学科；尝试利用睡前、醒后时间回顾记忆当天所学功课，尤其是睡前遐想复习与听MP3进行价值比较。

四、第四次衡水行

转瞬到了11月23日，又见孩子，孩子仍然阳光，但阳光中有些许阴郁，大概是几次成绩的不理想吧。上车至宾馆途中，我递给孩子一本书，是曾军良写的《高效学习方略》，孩子竟然看得很仔细。晚饭后我和孩子讨论了这本书中的方略，孩子告诉我：已经习惯了睡前遐想复习，MP3已退出；能做到换位思考，信任理解老师。80分钟的交流之后，孩子评价说，爸爸上次聊《相信相信的力量》时很温和，这次语言表达相对犀利但让人信服（直到后来我读完美国简·尼尔森《正面管教》一书，才知道他要表达的是我当时"温和而坚定"）。当晚和第二天早晨，孩子以朗读和静思的方式学习，我渐觉孩子由好学进入了乐学状态，我也为孩子的自我觉悟个性成长而欣慰。

12月8日是孩子的18岁生日，我结合家长会以及和孩子的交流信息给孩子写了一封18岁生日贺信，并在12月7日用微信发给不辞劳苦的卢洪涛老师，拜托转达。信中表达：对孩子为追求自己人生目标所做的努力由衷地赞赏；继续心无旁骛"沉深静极"，尝试创造自己学习的巅峰状态；祝贺孩子成人，家人感念老师关心之情，鼓励孩子承担起自己成长的责任。

五、第五次衡水行

12月14日，我和妻子又到衡水。温馨的天伦之乐是想让孩子心里踏实，让孩子明白他不是一个人在孤军奋战。这次交流了如下问题。

1.对比济源一中与衡中学校管理、教师教学风格，巩固优化适合自己的学习方略。

2.学科知识的自我评价，明确薄弱指向、考场应试状态及策略的感知调整等。

3.寒假很短，计划做何安排？

4.认真分析六调考试，核定每科真正实力水平。相对本次的596分尚有68分的提升空间，假设实力664分，目标并不是遥不可及。阶段性目标明确，下一次调研考试的小目标确定，孩子信心增强。

儿子在衡中成绩称不上优秀，离孩子心中所想差距甚远，但相对于他小学班级曾经的二三十名、初中班级的十名左右，至今也算是一路飙升，儿子仿佛每一次都超越了昨天的自己。胜人者力，自胜者强，儿子正在走向强者的路上。

草书心得，甚是惶恐。家长朋友们，在学校精神的感召下，在学校老师的引领下，孩子们正在以不同的速度和方式追逐优秀。我们陪伴孩子的时间十分有限，拼搏的孩子们需要帮助和指导。我们家长有空要多学习，力所能及地了解一些家庭教育学、积极心理学、认知发展理论、生涯规划、成功励志学、学习方略等方面的知识，就可能帮到我们的孩子。希望我们能和孩子共成长，陪伴孩子创造他们期许的未来生活。

高山仰止，景行行止。虽未能至，然心向往之！

让我们和正在奔跑的孩子们共勉！

与儿共成长

（774班孙笑严家长）

在孩子的成长过程中，需要家长给予孩子什么，挫折的磨砺？耐心的陪伴？无私的奉献？或许一百个家庭有一百个答案。与各位家长分享一下我们家孩子成长过程中的三个小故事，看看我们家随着孩子的慢慢长大"爸爸态度的变化"。

"你吹牛的吧！"

一般小男孩心智年龄都比较小，笑严又因为生日小的缘故，比他身边的孩子更加"懵懂"，加之性格有点儿小自恋，所以从小学到初中学习一直不温不火，但还是自我感觉良好。促使他下决心走上冲击学霸之路还是由于一件偶然的小事。

笑严六年级期末时，班主任被抽调去监考中考，回来之后就把英语中考的考题给孩子们过了一遍。笑严期末考试回来之后兴冲冲地就开始和我碎碎念。

"中考也不难的，中考英语现在我做也能考90分。"

"你吹牛的吧！"

"是真的，我们英语老师前几天去监考中考英语了，回来给我们讲的！"

"老师讲题对你来说毕竟是纸上谈兵那是光说不练，你没做过中考题真不好说！"（一脸不屑，准备挖坑）

"老师说过平时我们做的题也有中考题！"

"这样吧，语法就不说了，都是固定的。我暑假买一本《中考英语阅读》，你做做试试看，考验一下你的真实水平。"（请君入瓮）

"嗯嗯！"（跳坑）

……

衡中故事

就这样，在初一到初二那个暑假，笑严做完了一本《中考英语阅读》（三星以下难度每天做3篇，三星以上难度每天做2篇）。笑严有个最大的优点就是信守诺言。大家都明白中学学习的课程有的需要思维方式和感悟，但是有的学科可能就是积累，而恰恰英语这门功课是最需要日常积累的，好多理科男孩差的就是这一点儿积累。笑严就是通过这个偶然的机会完成了学霸之路的原始积累，自此之后英语成绩就没下过105分（总分120分）。

"相信老师就像相信自己一样。"

第二个故事发生在衡中。衡中学霸云集，尤其在文理分班之后，笑严也遇到了瓶颈。"实验班数学老师讲得太快，每节课讲两张卷子还要讲新课……"孩子打电话不止一次吐槽老师的讲课速度了。他这两次考试在100分左右（总分150）徘徊。

遇到这种情况，作为家长我也有些心慌，高考一向是得数学者得天下，50分的差距无论如何是其他科目不能弥补的。恰好学校组织了一次小范围的家长会，我参加并见到了当时的数学老师，听老师的谈吐很专业，更加坚定了我既定的信念。家长会期间我没有和老师交流任何关于孩子的问题，而是找笑严深入地交流了一次，大概内容包括以下几点。

1.你要相信老师就像相信自己一样，假如你还相信自己能学好，就要不折不扣地相信老师。即使你的天赋和以后的成就高于老师（这是有很大概率的），也不要试图改变老师而是要适应老师。

2.作为衡中老师除了本人专业素养外，背后还有研课团队的支持。高考6门750分的分值相对于数学一门150分的分值，理论上只能拿出20%的精力来应对，按照这样的分析你跟着专业化的老师、专业团队的指导是距离成功最近的路。

3.人生在你最痛苦的时候往往是你收获最多的时候，是蜕变的时候。

这次深谈以孩子的沉默结束，随后就是无言的坚持……高三一调笑严数学149分（班级排名第2，年级排名第120）。后来总结高二整个学年的时候，笑严自己讲最庆幸的是遇到了关勇老师，说关勇老师一节课能讲四套数学卷子，并且思路清晰。高二最成功的事是补齐数学的短板，为自己赢得高三冲击国内顶尖学府的机会。

"有的人在假装努力,还有的人在假装不努力。"

"行百里路半九十",最后这10%就是高三。高三的压力在孩子周围无孔不入,如何善待压力需要家长正确的态度。

就在高考进入200天倒计时之后,一次小假我陪孩子吃饭,笑严说:"爸爸,你别再给我施加压力了,你说的我都知道,我主要是不能像他们一样始终集中注意力,否则我成绩会更好,你让我随意吧!"

我稍微沉吟了一下,说了这样一段话:"有一种说法我不知道你听说过没有,'有的人在假装努力,还有的人在假装不努力'。反正我相信,很多人的努力是假装的。你看有的人整天忙忙碌碌,很多有可能是装出来的,怕对不起家长,对不起老师。能保持24小时专注的人是没有的,他们忙忙碌碌的时候可能思想在睡觉。相反还有人在假装不努力。没有人随随便便就能成功,真正成绩好的人不是他们多么聪明,而是人前放松、背后用功!'扮猪吃老虎'大有人在!"

笑严听完之后两眼放光,哈哈大笑,看来是满足了他小小的自尊心。"我是属于后者,嘻嘻!"

"我大学毕业20年,见到了很多人,碰到很多事儿,总感觉人生还有遗憾,没有达到预期的高度,仔细复盘应该与我关键时刻(包括高考)没有更努力一下有关!"

"这不怪你,这主要跟你原来的平台有关,你那小县城的高中能有什么高度可言?嘻嘻嘻!"18岁的老气横秋。

……

这场父子对话就在儿子调侃(抑或开解)父亲中结束,但是这场对话似乎刺破了笑严一个心魔,随后到了六调考试,他第一次考入了年级前百。

每一个孩子都是一个家庭的作品,但是随着孩子们逐渐长大,父母必然变老,从对孩子善意的挖坑诱导,到指点迷津,再到自降身价甘受调侃,最终有一天退化为备受尊重的被告知者。无论哪个阶段,父母都应该在最恰当的时间节点给予孩子最恰当的态度,这也是我自认能给予孩子的最深沉的爱。

岁月的脚步不会停歇,已经踏入2020年的门槛,生于2002年的这帮孩子满18岁了,他们也将迎来人生第一个命运的转折点,高考肯定不是终点

衡中故事

却是重要转折的起始点。年年都有家长在默数着高考倒计时还有多少天,我们所有做家长的都应以我们自己认为恰当的方式与孩子一起"只争朝夕,不负韶华"!

家校共育，不忘初心

（814班白培鑫家长）

为人父母是一种职业，而且是不可推卸又极具挑战的职业，我曾为此困惑过，后来一本书使我感到心中有了方向，它就是衡水中学的《做负责任的家长》。

在书中，那些优秀的学生家长告诉我们：要注重言传身教和良好家庭氛围的营造，这样才能让孩子们心无旁骛，全身心地投入学习并快乐成长。为了孩子，父母可以委婉地推掉各种应酬，一心陪伴孩子，让孩子带着家的温暖投入学习；给予孩子坚定不移的支持、引导和鼓励，不仅让孩子拥有强健的体魄、顽强的意志、积极的心态，更让孩子拥有生存的能力和担当责任的勇气。具体我们该怎样做呢？

首先要告诉孩子学会照顾自己，有强健的体魄才能做好一切，保持心情愉悦，每天修一颗善心、做两件善事、说三句善语，每天问问自己，我帮到老师了吗？我帮到同学了吗？并和孩子一起树立人生的目标，教给孩子把远大的目标细化到每一年要达到什么程度、每一学期要达到哪个层次、每个月要达到什么水平、每天要怎样做，精确到分钟；把计划贴在床边，装在文具袋内，刻在自己心上，时时努力。一万里的路是从脚下一步一步走出来的，要低头看看脚下，走好眼下这一步；还要不时抬头看看远方的目标，不能偏离，隔一段时间还要回过头看看，总结一下经验和教训，在班级、学校、家庭和社会中找准自己的定位并勇于担当责任。

让孩子明白，学习是一种载体，通过学习，他可以知道怎样勤奋付出去得到他想要追求的东西。天道酬勤，汗水凝金，每一个成功者的背后都有如注的汗水和夜以继日的付出。通过学习，他可以知道怎样面对挫折与荣誉。

孩子当一次次努力却又一次次失败时，告诉孩子，只要在第一百次跌

衡中故事

倒后又一百次擦干泪水站起来时,他已经成为一个胜利者,他战胜了困难更战胜了自己。

当孩子遇到挫折与困难时,父母要始终和孩子站在一起,一起面对,一起反思,调整心态,总结经验,不抛弃,不放弃,找回自信。困难只是机遇对我们的考验,方法总比困难多,只要坚持不懈、多找方法,困难就会被攻克。

当孩子面临选择时,尽量多方查找资料、询问朋友,为孩子提供一些有价值的信息,引导孩子分清主次,力争结局完美。

下班回到家中,要为了孩子收敛情绪,更多地关注孩子,有时一句话、一个眼神、一个动作、一种口吻都会对孩子产生潜移默化的影响,一句"没什么大不了,有爸妈和你一起面对"都会给孩子莫大的安慰。父母一句暖心的话,带给孩子的不仅仅是爱,还有信心、力量及对生活的依托和奋斗的希望。关注孩子的每一处细微的闪光点,注重孩子良好行为习惯的养成,就像一位家长所说的"行为养成习惯,习惯塑造性格,性格孕育品质,品质决定命运",这句话告诉我们良好习惯的养成很重要。

平时要以身作则,为孩子树立榜样,用全身心的爱去滋润孩子的心田,对待各项工作要认真负责,对待老人要尽心尽孝,让孩子知道一个人要有责任感,要常怀感恩之心。工作之余要时常为自己"加油""充电",与孩子一起成长,共同分享经历与经验。在与孩子一起成长的过程中,不断完善作为父母的角色。

珍惜并把握好与孩子交流的各种机会,用心去倾听孩子的心声,时刻关注孩子的情绪和心态,及时沟通、疏导、缓解孩子的压力。告诉孩子,与人相处,要学会担当与宽容,引导孩子多看别人的优点,以诚相待,热心助人,尊重、信任孩子,适时放手,支持孩子敢想敢做,积极参加学校活动。引导孩子树立良好的合作、竞争意识,做孩子的朋友,用赏识性、鼓励性的语言激励孩子,为他们插上一双希望之翼,让孩子在梦想的天空自由飞翔。

传递正能量,提醒孩子两三周休一天,切不可放松懈怠,利用好弯道超车的好机会,并为回校后提早进入学习状态打基础。对孩子的正当要求一定要鼎力支持,对不当要求则要和蔼地婉言拒绝,让孩子知道父母为他负责,支持他又不任由着他,让孩子在积极的状态下快乐学习、健康成长。

"对孩子宽容而不放纵,严厉而不苛刻,细致而不包办,给孩子以自由,不施加过多压力,生活上给予指导,学习上共同探讨"——书中每一句话都耐人深思,给人以启迪。走入衡中,读到这本书,是我们的运气,更是儿子的福气。感谢衡中和衡中的老师们!

衡中故事

如果爱，请深爱

（821班刘畅家长）

莎士比亚说，只有热爱才是最好的教师，它远远超过责任感。在我们家，孩子的成长故事就是爱的连环画，我们也是第一次做父母，也在经历成长，感谢宝贝儿，感谢你让我们参与，参与你的青春！今天借学习时机，摘《吾儿衡中三年——唱爸手记》（孩子叫刘畅，孩子爸叫孩子唱）中几篇与大家交流，也想深深留住终将逝去的衡中年华！

2017年7月25日

既然一心向衡，就要做好充分准备！听前辈们说衡中会有夏令营，想着参加夏令营，一可以提前熟悉校园环境，二可以让从未住过校的宝贝儿提前适应一下，心意已决，说走就走！高速、狂奔、报到、收拾宿舍床铺，等等，裹挟着一身的汗水还未来得及和孩子说上两句话，家长必须离校了！没想到从小到大呵护在我身边的唱乖，说了句"我没事，爸妈你们走吧，路上注意安全"就转身进教室看起了书。那份坚决是我没想到的。孩子比我想象的勇敢！未来的9天夏令营会怎么度过……宝贝儿，好想你，与蚊子智斗的故事就发生在这次夏令营哦！

2017年8月18日

经过夏令营的历练，唱对军训的日子显得从容了很多。有人说军训是衡中三年最幸福的时光了，要珍惜，后来才知道军训的日子是相对来说时间比较宽松的。孩子一回来唧唧啵啵地讲了军训的一次委屈、一次哭泣、丢了心爱的大水杯、不会整理蚊帐、三次往返于操场和宿舍整理内务……对比初入衡中军训的照片和现在的照片，那个时候宝贝儿的小脸是有一点点小紧张、小惶恐的，现在宝贝儿的小脸是有一点点大智慧的，越来越自信满满了。哈哈，开心孩子的成长，雏鹰展翅风雨磨砺！感谢郝墨林老师，感谢衡中！

2018年4月8日

　　远足活动已经画上了圆满的句号，虽然时间只有一天，虽然路程只有八十华里，但我们家长看到的是孩子们铺满七彩阳光的美好与未来！孩子说得好："未来两年的苦累绝不止八十华里，但因为有亲爱的你们，我将无所畏惧！"衡中的老师尤其是班主任，每天早晨5点43分带领孩子们跑操，开启希望与朝气的一天，每天晚上10点整开始宿舍第一轮检查；课上掠影，课下活动……班里每个孩子都是老师的宝，每次放假回家孩子给我们展示的都是一个快乐的状态。在家长心里这个更重要！你若开心，我必放心；我若放手，你定长大！当然这份放心和成长必然离不开好老师和好学校！所以，参加这次远足是非常值得和有必要的，现在的我比任何时候都无比期待孩子高二年级的成人礼！感谢肖学勇老师，感谢衡中！

2019年4月20—21日

　　一大早，衡中的操场彩旗招展，歌曲《圣洁的时刻》青春阳光，十八道成人门从操场一直延伸到了博雅馆，襁褓—孩提—髫年—总角—舞勺—舞象—金钗—豆蔻—及笄—碧玉，成人门甚是规模。唱妈说这神圣的时刻一定要由伟大的父亲来担当。候场时唱妈说我是场上最幸福的爸爸，兴奋得像个孩子不停地和小唱互动。成人礼在庄严的国歌声中开始了，我亲手给孩子戴上成人帽。18岁，孩子长大了！汉服礼仪展示、点蜡烛切蛋糕、齐诵成人礼赋、校长寄语等，在给孩子互换信件这一环节，父母和孩子深深拥抱一分钟，平时不善于表达情感的我眼睛湿润了。18年来的辛苦都化作孩子的一句话："爸爸妈妈你们辛苦了！"我们无怨无悔。我对小唱说："不管你走到哪里，爸妈永远是你坚强的后盾。"展开孩子的信笺，交给孩子礼物，拍照留念，一切都在愉快地进行着，没有太多的伤感，因为我们永远在一起！不分离！

2019年5月17—19日

　　一晃已是本学期的最后一个放假日，高二马上结束，小高三即将开启！两年来，孩子的变化真的太大，变得更勇敢，变得更坚强，变得更上

衡中故事

进，变得阳光和快乐！每次宝贝儿放假，印象最深的是洗澡时间和晚饭时光，和孩子的沟通非常畅快，欣慰于孩子的思想提升，对未来专业的分析和规划都很有自己的见解，还欣慰于孩子认识到自己的基础不扎实。唱说："好比我们从小开始织网，那些成绩优秀的孩子织的网又细又密，而我织的网洞大稀疏，能怎么办呢？补呗！"加倍努力地补！还要沉下身子耐心地补！衡中虽然是全日制封闭教学，但是利用晚饭时间沟通，孩子们相互交流、侃侃而谈，最新的时政、最热的观点、最鲜活的新闻事件都能从老师那里获取第一手资料，就连我们家乡最近的矿区变景区——张家楼村山底地道也编入了学校的试题中，让人不得不佩服衡中老师的用心良苦！两眼一睁忙到熄灯。当看到睁开眼就是学习、睡觉前还要瞅两眼卷子的你快乐地享受其中，当听到你口口声声害怕老班又字字句句佩服老班……快乐就好！高三快乐启航！感谢郭振兴老师，感谢衡中！

2019年7月4日

宝贝儿，高三一年是非常艰辛的一年，尤其对于衡中的孩子，你们都在为各自的目标努力拼搏。宝贝儿，我们除了关心你的生活外也在关注你的学习。哪个父母不希望自己的孩子更优秀？我们也一样，不过我们知道你一直在努力，所以不愿再给你施加任何压力。其实我们明白，一次好的成绩远比吃一顿好饭更能慰藉你的心。身在衡中实验班，那种你超我赶的气势我和你妈何尝感觉不到呢！"自己优秀，别人卓越！"听着你说出这句话，觉得你总结得很好，也真心疼你，在学习的道路上尤其是在衡中竞争竟是如此激烈，你在小跑别人也从未放松，在这条路上青春的你们必将摩肩接踵地一起向前奔跑。高三的长跑才刚刚开始，悠着点劲儿放长节奏，不急躁不怀疑自己，心无旁骛找准方向稳步往前跑，即使暂时没有进步也是前进，因为只要停下脚步彷徨犹豫就是退步。蛹不知道会变成茧，茧不知道会变成蝶，蝶飞舞的那一瞬间，美丽铸成无限。让我们每一个梦想者都有必变必蜕的信念，在每一个灿烂的日子里，蝶变起舞！

……

有一个地方唯有走近才会爱上，如果爱，请深爱！

生活中不低头，面对困难不服输

（822班闫腾予家长）

"我一定要让孩子上衡中。"为了实现这个梦想，我们努力拼搏克服重重困难的事好像就在昨天。转眼间，三年衡中家长生活模式就要结束了，在这个地方我曾那么用心，因为衡中让我和孩子实现了自我成长。

人的一生会经历挫折与成功，只有通过各个时期的磨炼才能找到规律。我总结了三个假期孩子写作业的经验，简单分析一下。

第一个寒假，腾予和11名同学跟老师去了美国交流学习，这13天了解了美国的风土人情，用自己的眼睛去看了世界，感受了世界之大，拓展了国际视野，还去了自己梦想中的学校——哈佛大学。回来倒时差又耽误了两天，面临学校开学的时间越来越近，由于前面太松懈了，最后拼命赶还是没有完成作业！到了学校门口，孩子对我说："妈，咱们回家吧，你给我请一天假，就一天！等老师检查完作业我再回来。"看着孩子无奈的样子，想去教室又怕老师说，我气笑了："大老远赶到学校还没进门就走，咱能那样做吗？要不咱们在操场上走一圈，想想办法？"我们边走边谈："没有完成作业要实事求是，跟老师坦白，主动认错，在这次困难面前逃跑了，下次遇到困难是不是也逃避？这件事妈妈也有责任，没有及时催促你。要不我在宾馆住一晚上等老师叫家长我就赶紧去。"要认识到自己完不成作业的原因，下次不再犯同一个错误。人不怕犯错，就怕重复犯一个错误。后来孩子想通了，我们手拉手一起走，看着她进了教室坐好我才放心。也因为孩子这个假期贪玩，心没放在学习上，这次开学考试成绩在班里排第26名。看到成绩我及时跟孩子沟通，分析说考题都是假期中的作业内容，没认真写作业，没听老师的话，要想赶上来需要比别人多下点功夫；要吸取这次的教训，把假期落下的追一追。

衡中故事

  第二个假期先做好准备，避免出现上个假期的问题。我让孩子参加了当地家长组织的写作业班，按点上下课，按老师要求写每天的作业。我没有给孩子答案，而是孩子写完作业我对答案并上传作业。孩子每天也很用功，没有迟到早退过，而且走得比较晚，没有请过假，作业按时完成了。写完作业心情就是不一样，送她去学校的路上她有说有笑，心情愉快。学校规定开学第一天进行考试，借此检查学生假期是否认真写作业。我想这次用功了肯定能考好。成绩出来后孩子打来电话，只比上个假期班级排名进步了几名，还没有平时成绩好。我想她肯定有情绪，决定先听孩子说，果然她第一句话就是"以后假期不写作业了，没用！我假期每节课都很用功写，不说话，课下也不出去玩，为什么考得还没有平时好？假期写作业没用……"放下电话，我打通班主任郭老师的电话进行沟通，并把老师讲的主要内容记录在本子上："用功了肯定成绩好，不用功成绩差，再不然就是方法不对。"等再给孩子打电话时能用上。再查书、查网上的资料……还是没有找到原因。这件事我不能放弃，下个假期孩子如果不写作业了怎么办？终于等到接孩子回家的星期天了，我跟她继续找原因："咱们的题错在哪儿，是属于不会还是马虎……"找到原因才能进步，最后我总结出来：虽然她写作业时每道题都认真了，但是没有对答案，不对的题没有纠错，造成不会的还是不会，会的更熟练。这个假期又犯了一个新的错误，没有合理利用纠错本，没有及时把不会的弄懂。找到了原因，孩子心里高兴，可以轻松快乐地去学习了。

  第三个假期很快就到了，其实我也怕放假，怕孩子因前两个假期的成绩影响这个假期的学习。我跟孩子商量，这个假期换换写作业的方法，先做自己最差的科目中最头疼的题（我俩一起对答案，哪儿不对及时改在错题本上，每天错题本上都要有改错的痕迹，我每天检查），然后做成绩一般学科的作业，最后做优秀学科的作业。我按照由难到易的做题规律让她写作业，有时也让她玩半天，结果比上个假期完成作业还快两天。我跟孩子说，只要学习过程中足够努力了，就不要在乎结果考成什么样。我们还去吃了好吃的，这个假期很轻松。开学考试后我查到成绩，闫腾予班级第一名。当时心情无比自豪，再一次给班主任郭老师打通电话，还是得到同样的一句话："因为用功了就会有好成绩，不用功肯定成绩差，再不然就是方法不对。"这次我从中悟出了真理。

困难面前不服输,出现低分学会分析,把错误的题细节化再细节化……直到找到原因为止。孩子需要我时我会第一时间为孩子排忧解难,我相信能用办法解决的问题不是问题,我相信孩子越努力越优秀。她参加世界模联大会,整场发言24次。我看到了孩子的阳光自信,看到了孩子能在人来人往的大街上旁若无人安心地读书,看到了孩子为自己理想的年级名次、理想的大学坚韧不拔和积极向上拼搏的身影……虽然她不是衡中出类拔萃的优秀生,但我为有这样一个孩子而自豪。

我深深体会到衡中让孩子的性格越来越坚强,是衡中浓厚的学习氛围与文化底蕴让孩子更有文化素养与内涵,感谢衡中老师的教育培养。

教育孩子的点滴感悟

（826班张锡霖家长）

我一直认为家长对孩子的教育绝不仅仅是一次谈话或是一种说教，它是一个细水长流的过程，我们的教育应该是"润物细无声"的，无声地陪伴在孩子的周围，不经意间影响我们的孩子，有时候一句话、一个眼神、一个动作甚至只是一种口吻都会对孩子产生潜移默化的影响，但这需要我们对孩子的关注了解，需要我们知识的更新，尤其需要我们付出时间。我曾经在儿子成绩下滑、感觉前途迷茫时对他说"没有什么大不了的，有妈妈和你一起面对"。儿子说这句话给了他莫大的心理安慰。有些家长觉得孩子进入衡中就万事大吉了，其实不然，只有我们最了解自己的孩子，一次回家的闲谈，一次短促的电话，我们都要听出孩子的情绪、孩子的困惑，然后用心地去揣摩，最后和孩子有效地切磋。我对孩子的教育不成系统，只是点点滴滴，一点感悟。

一、家长要以平常心对待成绩

孩子考入衡中时是实验班31号，不算优秀，也不算落后，但在衡中这个龙腾虎跃、强手如林的地方着实让他有些手足无措、困惑迷茫。第一次放假回来，孩子情绪低落，说自己考得很不好，这对他来说无疑是很大的打击，我对他说："考多少名不重要，重要的是继续努力！考差了没有关系，关键是不要失去前进的动力。"孩子最终由于种种原因由实验班进入了普通班。当时我给孩子的信中写道："真正的强者是不会抱怨的！命运把他扔到天空就做鹰，把他扔到草原就做狼，把他扔到山林就做虎，把他扔到大海就做鲨。在普通班不算什么，有本事考普通班系列第一！"我相信只要孩子有自己的奋斗目标，只要有动力、有信心，奇迹就会出现。在平时和孩子的交流中，我们更多地看重孩子努力的过程，更多地给孩子鼓励，在这样的鼓励中，孩子会从父母这里看到对他们的信任、信心，他们就会带着这种信任和信心投入学习，投入他们追求的人生中。作为家长，应当以平和的心态面对成绩。对待学习成绩有两种常见的现象：有些人过分紧张，把每次考试都看得至关重要，考好了欣喜若狂、考砸了垂头丧气；还有一种现象是过分放松，对自身要求甚低，考好考坏无所谓，都不放在心上。这两种态度都是不可取的。我们的态度是"顺其自然"：考好了当然高兴，但不骄傲，而是继续努力，踏踏实实投入当前的学习中去；考砸了不伤心、不气馁，而是仔细分析原因，相信通过自己的努力总会获得最后的成功。用这样的"平常心"去对待学习，才能摆脱成功或失败对心理造成的负面影响，才能在"忘我"的气氛中发挥最大潜能，才能避免因为激动和失意而浪费时间和精力。孩子考好当然值得高兴，但要让孩子懂得：天外有天，山外有山，这仅是小范围的竞争，还应"百尺竿头，更进一步"。孩子考试失利了，要告诉孩子：一次考试并不是句号，更不是人生的全部。鼓励孩子以平常心投入下一轮学习。也许经过努力短期内不一定会有收获，但不努力一定不会有收获。身为父母，千万不能太看重孩子的考试分数，而应该注重孩子思维能力、学习方法的培养，尽量留住孩子宝贵的兴趣与好奇心，绝对不能用考试分数高低去判断一个孩子的优劣。分数本是对孩子学习情况的一个检验，是老师、家长和孩子自己反馈信息的一个渠道、一种手段，只是测评孩子学业的一个参考，分数的高低并不能用来评判孩子的一切。

二、家长要创造良好的家庭氛围

家长要特别注意为孩子营造温馨、和谐的家庭氛围。环境会对人的情绪造成影响。温馨、和谐的家庭气氛有利于稳定学生的情绪，能使孩子感到平静、舒适、宽松和欢乐，有利于孩子集中精力投入学习中去。努力减少家庭矛盾，不要让家庭生活中磕磕碰碰的琐碎事情影响孩子。孩子放假时，尽量挤出更多的时间和孩子在一起。总之，家长应该对孩子多了解、多交流、多关怀，少指责、少抱怨、少苛求，努力创造一个充满理解和关爱的家庭环境。

三、家长要努力当好孩子的学习参谋

说到学习，家长朋友们千万不要只关注孩子的成绩。我们分析孩子的成绩时要实事求是，要以发展的眼光看待孩子的成绩，应与孩子的老师加

强沟通，找出孩子的各科优势和薄弱环节，帮助孩子分析自身的长处和缺陷，对孩子的学习情况做好定位。在此基础上，帮助孩子确定符合实际的学习目标，明确前进的方向，鼓舞士气。要教育孩子培养良好的学习习惯，遵守学校的规章制度，尊重老师的劳动成果。只要家长建立起与孩子相互理解、信任的良好关系，家长"望子成龙""望女成凤"的期望才能成为孩子学习的动力。

四、家长要努力做好孩子的心理疏导

美国著名亲子教育家麦道卫说，生活在鼓励和推动中的孩子会自强自信，生活在赞赏和肯定中的孩子会体谅别人、知足感恩，生活在安全和稳定中的孩子会心态平稳、信念坚定。"高三学生学业负担重、生活单调。孩子柔弱的肩膀扛着父母的希望、家庭的幸福、老师的期盼、学校的荣誉，等等，压力很大。因此，父母应给他们减压，使他们轻装前进。我们应是孩子心情的调控者、子女苦恼的倾听者，也是快乐和愉悦的营造者。请经常对孩子说："我们相信你！""你一定能行！""努力了就好！"我们对孩子的肯定和鼓励就是孩子奋斗的力量，就是强心剂，就是孩子们在疲惫、繁重的学习之后化解压力的舒缓剂。面对高考前的这一关键时期，孩子更需要父母精神力量的支撑和关爱。

我的家庭教育感悟

（828班吴迪家长）

我认为家长对孩子的教育绝不仅仅是一次谈话或者几句说教，它是一个细水长流的过程。我们的教育应该是"润物细无声"的，无声地陪伴在孩子的周围。今天我不讲高深的教育理论，只是谈一下在女儿成长和教育过程中的亲身经历和切身感受。

一、进衡中

衡中是女儿心仪的学校。在中考前，我和迪爸怀着忐忑不安的心情带着孩子第一次走进了衡中的校门，对衡中学子的学习生活有了一些粗浅的了解。在此之前，我们也看到了衡中令人震撼的高考成绩，也听到过衡中管理如何严格的说法，当时我们是抱着试试看的想法参加了衡中的考试。当然，父母的责任感促使我带着"衡中的教育模式是否适合我的孩子"等诸多疑问进行了大量的调研。我把听到的这些信息都毫无保留地转告给了女儿，听取她的意见，结果她对我说："许多人都说衡中苦、衡中累，可我并不觉得什么，我对它有一种向往、一种景仰、一种内心无法抗拒的感情。你们也不必担心，鹰隼试翼终要高飞，潜龙腾渊终将入海，我会照顾好自己，我也会想念老妈的香菜馅饺子和宫保鸡丁、老爸的西红柿酱和炖牛肉。三年后，你们会见到一个崭新的我。"

我们每一位家长都深爱着自己的儿女，父母养育儿女长大成人，不仅要让他吃饱、穿暖，更要帮助儿女在成长的关键时刻做出正确的选择。全家经过反复讨论，最终意见统一，支持女儿的选择——上衡中。

就这样，一直是父母陪伴左右的女儿第一次离开家。或许思想准备充分，或许去衡中是孩子自己的选择，进入衡中后她没哭过一次鼻子、没叫过一声苦、没说过不适应，很快融入衡中这个大家庭。

两年半的时间过去了，看到坚强、自信、乐观向上的女儿，看到她那充满阳光的笑容,我们为当初与女儿一起做出的正确选择而感到欣慰。

二、重德育

家庭教育不仅重视传授知识,更要关注品德教育,培养孩子的良好习惯,磨炼孩子的坚强意志,引导孩子遵守道德规范,教育孩子要有理想、有追求、有担当。

高中阶段是孩子人生观、价值观成型的关键时期。衡中非常重视这一时期学生的德育教育,开展了感恩主题班会、假期社会实践、八十华里远足、成人礼等多种形式的德育教育活动。家长也充分利用这些教育平台积极配合学校工作,我和孩子一起参加了"关爱老人,从我做起"、"迎新春,逛庙会"社会实践、八十华里远足和成人礼活动。我们通过参与这些活动,引导孩子领悟学校、老师、家长的良苦用心,学会感恩,树立理想,坚定信念。

成人礼的时候,每位家长都收到了孩子的一封信。女儿在给我们的信中说道:"岁月不居,时节如流,世界就是这样残酷,我的长大意味着你们的老去。这似乎是小学作文里用烂了的话题,可是又的确是让我难以释怀的结。曾经多少个瞬间,我真真切切地感受到,你们不再是我记忆中那个无所不能的超人了。踢几下毽子便疼起来的腿,天气转暖却依旧冰凉的手,无时无刻不在提醒着我,我该承担起应有的责任了。今后的日子里,我会以一个成年人的担当,努力让你们过得更好,成为你们可以依靠的人。我会努力学习,照顾好自己,不让你们再因琐碎之事替我操心。我会努力锻炼自己的羽翼,硬到可以独当一面,可以打下我自己的江山,可以将你们护在身后,尽全力去爱,不留任何遗憾。放心吧,你们陪我长大,我定会陪你们变老。"

我们写给孩子的话是:"因为有你我们竟不思年华,因为有你我们才变得如此充满爱的火花。你的高中的生活已然开启两年,我们是不是也该说点儿啥?好吧,我们不说加油,只想说,终有一天,你今日的辛苦付出,会成为你人生的光束,照亮你的人生,点亮你的幸福。"

每次读孩子的信,我都热泪盈眶,深深地感受到孩子的成长,也由衷地感谢衡中德育教育的成功。

三、相互尊重

在家庭当中，最主要的是相互尊重、学会倾听。谈起对女儿的教育，我最深切的感受是做父母的要把握孩子成长过程中的生理、心理特点，放下身段，尊重孩子的选择，尊重孩子的学习成果，倾听孩子的感受，做孩子最亲近也最信赖的人。让孩子把手伸向你、拉住你，思想靠近你，与你一起向前走。

尊重孩子，静静倾听孩子的讲述。到了高三，和孩子在一起的时间是非常短暂的。每次见面，孩子会把三周来的快乐、苦恼、学习上、生活上的事情都讲给我们听。通过讲，孩子可以宣泄不良情绪、缓解压力，我们也可以在言谈话语中了解孩子的思想和学习动态，及时给予鼓励和引导。比如，我们会引导孩子做人要心胸宽广，多欣赏别人的优点，包容别人的缺点。所以，孩子在学校结交了很多朋友，曾经的高一同学后来虽然不在一班了但是一直还找我家孩子倾诉。

爱孩子，就要无微不至地体贴孩子。人们常说家是温暖的港湾，家长一定要让孩子感受到家的温暖。来衡中后，只要学校放假，我和迪爸都会推掉所有的日常事务，准时来到校门口。无论什么季节、什么天气，从来如此。由于放假时间短，家又远，所以我们一直住宾馆。但女儿说："有妈的地方就是家，有爸妈的地方就有温馨、快乐和爱。"

我们是女儿的知心朋友，我们之间是平等的、民主的、尊重的、无代沟的，是无话不谈的知己，所以女儿也没经历什么"叛逆期"。

四、调整情绪

情绪对人的影响很大：消极的人总是先看到困难，感到生活处处是阴影；积极的人总是先看到希望，让心灵拥有更广阔的晴空。

作为高中生家长，除了要做好孩子的生活后勤工作，更多的是要关注孩子的情绪变化。两年多来，我想得最多、做得最多的就是如何为孩子调整好情绪，如何让孩子以良好的心态投入紧张的学习生活中去。

家长在学习成绩上要理性对待，学会给孩子解压。当孩子成绩出现波动时，首先，要帮助孩子调整心态。我会和孩子说："在学霸济济的衡中出现这种情况很正常，你只要高效完成课堂内容，合理利用好碎片时间，享受努力过程就好。"作为家长，关注孩子学习的同时，切忌给孩子制定不切实际的目标，那样会压垮孩子。我给孩子讲了一个小故事："一位运动员要完成跑操场四圈的任务，第一天穿着户外装背着背包去跑，跑了两圈；第二天穿着户外装卸下背包去跑，跑了三圈；第三天脱掉户外装卸下背包换上运动服去跑，到达终点。"我想通过这个故事告诉孩子，放下包袱才能轻装上阵，才能在学习中找到乐趣。只要孩子努力了，只要没有虚度年华，就是好孩子。其次，静静等待孩子主动说试后反思，让孩子更清晰地认识自己，找到自己努力的方向。当我们发现孩子压力大、出现焦虑时从不谈学习，而是和孩子聊聊天、侃侃大山，话题以轻松的内容为主，多说些孩子感兴趣的事，最好能谈到孩子喜笑颜开，这样也许能让孩子紧张的情绪释放出来，以便在心理上得到缓冲。

家庭教育是个性化教育，针对的是每一个学生个体。我们家实施的是赏识教育，从小学到高中，我们对孩子是多表扬、多鼓励。用放大镜把孩子的优点放大看，哪怕有一点点好的表现，我们也要及时肯定给予其信心；用缩小镜把孩子的缺点缩小看，对孩子的无心之错要宽容，以淡化她的疏忽，安慰之余再陪同孩子一起找到改进的方法；用放慢镜把孩子的成长放慢来看，人的一生重在体验整个过程，让心留下恒久的记忆，而不必过分在意分数、成绩等结果如何，放慢脚步，默默耕耘，顺其自然；用望远镜把孩子的前途放远来看，放下一切焦虑和功利心态，用真心陪伴孩子，直到永远。

掬水月在手，弄花香满衣。保持平常心，让花成花，让树成树，让孩子成为更好的自己，让自己成为更好的家长。

衡中奥赛生家长育人故事

（855班史若虞家长）

我儿若虞，高二数奥生，因此我也被贴上了奥赛生家长的标签。

最初鼓励儿子学习奥赛，多少带了些功利的目的，认为通过学习奥赛拿了奖项就可以低分上名校，成为高考的保险杠。一路走来才发现，奥赛这条路真是充满艰辛，异常难行。且不说那无数个被侵占的休息日，也不说那被拦腰砍断的寒暑假，单是如何平衡高考与奥赛的关系就足以让人焦虑。都说做一名奥赛生不易，其实作为一名奥赛生家长又何尝不是呢？都说陪伴是最长情的告白，我愿倾尽所有默默守护在儿子身旁。

若虞对数学的喜欢和热爱由来已久。他奶奶是中学代数老师，在奶奶的影响下他在小学时期就接触了奥数，到了初中更是如饥似渴地学习数学。有的孩子做数学题皱着眉头，他却乐在其中，数学成绩遥遥领先，基本是满分。中考结束后，因成绩优秀，若虞被推荐参加了由衡水中学组织的"卓越之旅"夏令营。通过聆听专家、教授的讲座和同学们之间的学习、交流，更加坚定了他学习奥数的决心。有人说"热爱会产生无限的力量"，奥赛报名表上一连三个"数学"志愿就是最好的诠释。正是凭着这份热爱和执着，他如愿分到了奥赛班，从此开启了正式学习奥赛的历程。

进入奥赛班后的第一次月考，若虞成绩很不理想，在130多名数奥生中排到了60多名。教练曾经说过奥赛生的选拔除了要看奥赛成绩，高考课成绩也会占一定比例。如果像往年一样，通过选拔只留五六十人，那么这个名次就已经很危险了。好不容易等到了放假，我语重心长地对他说，想要留下来必须尽快调整心态，适应衡中节奏，不断超越自己。儿子默默地点点头，在后来的调考和期末考试中连续进步，冲进了年级前200名。他的奥赛成绩也从入学时的中下游跻身到了前十，年后分班如愿留在了奥赛班。这一切的成绩得益于老师的辛勤培育、自己的默默付出和家长的悉心引领。

衡中故事

当孩子处于困境时,我们家长要做孩子的引路人,适时鼓励,适当加压,帮助孩子确立自己的小目标,并为之努力奋斗!

2019年春天,奥赛生们迎来了史上最严的"寒冬",省一成了参加自招的标配。以前拿个省二也能通过一两所不错院校的机会,今年不复存在。是去是留,这个问题时时困扰着我:留下来继续学习奥赛,担心出不了成绩,又耽误了高考课;放弃奥赛,那么之前的努力就会白白浪费,而且儿子的工作也不一定能做通。茫然的我穿梭于各个奥赛家长群中,向往届奥赛家长请教,寻求帮助指导;跟身边奥赛家长交流,寻求慰藉。几日的辗转反侧、夜不能寐,备受煎熬的我最终决定跟儿子摊牌。我将学习奥赛的利与弊以及最坏的结果都给他做了分析,之后由他自己选择,最终,儿子还是坚定地要继续学习奥赛。他的执着、坚毅、果敢深深地打动了我,我还有什么理由不支持呢?奥赛是一把双刃剑,对待奥赛我们要努力保持一颗平常心,既不能期望通过奥赛来一举成名、直升名校,也不能妄自菲薄、动辄质疑奥赛。既然选择了奥赛,就要坚持到底,哪怕荆棘满地,哪怕风雨兼程。

寒暑更替,转眼一年。2019年9月8日,数奥生们迎来了河北省第35届全国中学生数学联赛,信心满满的若虞本想在联赛中一展身手,岂料因发挥欠佳,只获得了省二的成绩。在电话中他懊恼地跟我说:"当时脑子真是短路了,这么简单的题居然没做出来,出了考场就有了思路,要是加上这十几分……""没关系的,儿子,一次的失误并不能说明什么。在哪儿跌倒的在哪儿爬起来,妈妈相信你一定行!"当孩子遇到挫折时,我们家长要做孩子的贴心人,给他鼓舞,给他信心,相信他一定会积蓄力量、突破自我。相信孩子,相信自己,相信相信的力量!

天下之事没有白费的努力,也没有碰巧的成功。只要认真对待生活,终有一天,你的每一分努力都将绚烂成花!这句话送给若虞我儿,也送给我自己,同样送给天下学子、家长,让我们共同勉励、共同进步!

挖掘潜能，为成长助力

（857班钟林昊家长）

孩子的一生中要接受三方面教育，家庭教育、学校教育和社会教育，"父母是孩子的第一任老师"，家庭教育在孩子成长过程中起着十分重要的作用，是不可替代的。唐代大诗人杜甫有"随风潜入夜，润物细无声"的诗作，教育孩子又何尝不是润物无声呢？从他出生开始，我们的一句话、一个眼神每时每刻都会对孩子产生潜移默化的影响。所以，教育孩子是一个细水长流的过程。现在回想起我对孩子的教育，我觉得还有很多不足之处。因此，虽然我现在年近不惑，但依然希望自己每天进步一点点，通过自己的努力，去影响孩子。而现在，我能谈的也只是在教育儿子过程中的一些亲身经历和感受。

一、永远怀有一颗感恩的心

德才兼备，方为人才，家庭教育首先要培养孩子良好的道德规范。我记得我教给他的第一个字是"人"。当时教他写时，我颇费了一番功夫。我告诉他"人"字由一撇一捺两笔组成，一撇代表知识，一捺代表品性，有了知识和品德才能顶天立地。虽然当时还是孩童的他似懂非懂，但我坚信这种引导会让他有所触动。在所有品性的养成中，我最注重的是对他感恩之心的培养。人生于天地间接受最多的就是来自亲人朋友以及自然万物的恩惠，没有感恩之心如何能在天地间立足？许多家长在教育孩子时，往往忽略了对孩子的感恩教育。有些孩子向父母表示"您辛苦了"的时候，父母往往说"你把书读好就行了""你不用这样……"这就把孩子自发的感恩之心给扼杀掉了。"谁言寸草心，报得三春晖"，我们让孩子小时候背诵的诗句讲的就是要感恩。滴水之恩，涌泉相报。培养感恩之心从点滴做起，在同学借给他小小的铅笔时、当老师为他讲明白一道题而独自晚归时，我都会悄悄地告诉他"谁帮助了你你应该主动说声谢谢"。在他很小的时候，他奶奶腰椎做了手术。有一天我到家后,他奶奶红着眼眶在床上躺着,激动地告诉我说孩子刚才为她捶腿,小小的身子够不着,硬是搬个小凳子站在上面照顾她,还又是端水又是拿药的。事后我悄悄地问他,他说:"从小都是奶奶照顾我,我要报答她。"感恩是我对他的教育的根本出发点,我常常想,孩子是自己的,更是国家的,如果不是生在这个太平盛世,如果不是有人替我们负重前行,哪有我们今天的生活?所以培养孩子是为了我们的小家,更是为了他永怀感恩之心,今后能够回馈社会。

二、培养孩子的兴趣,激发孩子的学习动力

从他刚开始认识数字开始,我们便在生活中培养他运用数字的能力。比如,在吃饭前数数几个人,需要拿几双筷子,来了亲戚,需要多准备几双筷子等,从生活中类似的小事入手,灌输他对数字的认识和运用的思想,所以从小他对数字就产生了极大的兴趣。因为我和他爸爸都是数学老师,经常在家探究数学问题,这对他也产生了深刻的影响,遇到问题从不敷衍了事。上小学后,遇到比较难的问题,他喜欢钻研,不是简单地只知道答案就行,而是非得让你听懂他的观点,直到你给他彻底讲通讲明白为止。知其然,还要知其所以然,这种思想贯穿他学习的始终,所以上初中后,凭着他对数学的热爱及喜欢探究的学习习惯,在初二时就拿到了全国"希望杯"数学竞赛的银牌。我们以此为契机,适时地鼓励他定出下一个努力的目标——考上衡中。

三、让孩子明白有理想、有信念且坚持不懈必能成功

记得入学衡中后的第一个周末,我和他爸爸兴高采烈地去接他,买了他最爱吃的零食,希望陪他过个快乐的周末。可是从他出校门那一刻,我就觉得他有点不对劲儿,话没有平时那么多,对吃的也不感兴趣,到了晚上他终于敞开心扉对我说:"妈妈,我觉得我很失败。"听到这句话我大吃一惊,向来乐观自信的他怎么会有这种想法?仔细询问这才知道,原来这次分班后,他的学号是47号,而班里只有55名同学,对初中成绩优异的他来说无疑是个不小的打击。我们及时鼓励他说,学号并不能说明什么,只能证明你的中考成绩比别人暂时落后一些。我们不能只看眼前,只要我们有目标、有动力,踏踏实实走好每一步,相信成绩一定会上去。听完我的话,他坚定地点了点头,稚嫩的神情中流露出不服输的信念。我知道一颗

勇于赶超的种子已在他心中生根，我所做的就是要呵护它、让它继续发芽。从此，每次成绩出来后，我就鼓励他："继续加油，事实证明你很有潜力！"果不其然，孩子的学号在以后的学习中一路飙升，从47号到20号再到13号直到现在的3号，这些进步让他明白了：只要不服输，成功就会在前方向你招手。

四、尊重孩子，信任孩子

孩子在开学前参加了学校组织的夏令营活动，当时我们的目的很单纯，就是为了让这个没离开过家的孩子提前适应学校的生活，但他的想法却不止这些。闭营回来，他就坚定地告诉我，他要学物理奥赛。对此，我和他爸爸是排斥的，因为身边有熟人的孩子学奥赛有不成功的例子。但看到孩子坚定的眼神和态度，我们决定让他试试。没想到他还真有股韧劲儿，不仅要学，还要学好。我们参加学校第一次家长会的时候，孩子在给我们的信中写道："爸妈，奥赛不会影响我的高考课程，请相信你们的儿子不仅高考科目会学好，奥赛也会学得更好。"那一刻，我释然了。事实确实如此，孩子在今年第三十六届全国中学生物理奥林匹克竞赛中拿到了省一的好成绩。

家长朋友们，相对于那些出类拔萃的孩子，我的孩子很一般，但他的执着努力、有上进心是我所欣慰的。我始终相信，勇于进取，一切皆有可能！衡中为孩子搭建了展示自我的舞台，撑起了一片翱翔的蓝天。在孩子一生中最重要的时刻，他有幸成为一名衡中人，在此我真心地说句感谢，感谢孩子生命中遇到的所有老师，以大爱之心育国家栋梁。也希望儿子一如既往地发扬衡中精神，再接再厉，努力创造明天的辉煌，绽放最美的青春！

快乐学习，健康成长

（857班王烁迪家长）

2018年8月，带着家人的期待、别人的艳羡，孩子开始了人生最重要的旅途——三年的衡中生活就此拉开帷幕。

我们的家庭非常讲究民主，尤其是孩子的事情，更多的是让孩子拿主意，倾听孩子的意见，尊重孩子的选择。高一选科，孩子选了理化生。作为高中生的家长，我也提前了解了新高考，学习了生涯规划课程、大学录取关于专业的要求等知识。我对比了烁迪的学科优势，建议他选择物理、化学、政治，而孩子坚持自己的选择并且仔细地陈述了他的理由。虽然我认为我给他的选科建议从长远来看对他有好处，但我并没有坚持自己的主张。最终我们尊重了孩子自己的意见。他选择，他快乐，他努力。

高一，孩子选择参加奥赛班，不走平常路，而我的意愿是专攻高考科目，凭他的成绩，稳扎稳打应该能走一个985院校。但是他喜欢物理奥赛，他说兴趣才是学习最大的动力。我们再次选择了妥协、尊重、支持，鼓励他走自己的路。

高二，我们对他的干涉就更少了。奥赛是否外出培训也靠他自己权衡，需要去就去，不需要去就不去。

当孩子做出决定并说出合理的理由，家长就应该予以尊重；如果他的决定不完美、不成熟，家长再给予建议，帮助孩子回到正常轨道，但需要不动声色、悄无声息，不包办代替。

一、历练是成功的人生必经的过程

男孩子更要顶天立地、承担责任。王烁迪虽然是家里的独生子，但是我们并没有对他过度呵护。初中把他送到私立学校，学校条件一般，管理苛刻，开学的第一天我就哭了，但还是狠心把他扔在了学校。一个学期，王烁迪瘦了整整20斤。高中在哪儿上，我们曾经也进行了艰难的选择。衡中社会声誉很高，但也有一些负面的评价，有人称它是魔鬼式的学校，称它是考试机器，学生读死书，是书呆子，等等。孩子坚定地选择了衡中，我们支持了他的选择。孩子来到衡中，发现衡中的生活充实而又愉快，高效而又有纪律。专业的管理团队，先进的管理理念，丰富的管理经验，这正是孩子喜欢的学习生活。在这里，孩子自信、阳光、快乐、有礼貌，充满青春的气息，尤其对时间的规划和执行力，自律得令人赞叹。

家长不能过度保护孩子，早点让孩子了解自己所处的环境，以最恰当的姿态面对，学会承担所选择的后果，才是对生活最基本的态度。《战国策》中也说道，"父母之爱子，则为之计深远"。

二、适时减压，孩子才能健康成长

孩子初上衡中，身边的人都为此向我表示祝贺，同时对王烁迪也是各种赞美之词，好像孩子考上了衡中就跨进了清北的大门。高一的时候，孩子一度成绩达到了全校第六名，同事们戏称我们是"北大爹""清华娘"，这对孩子是一个不小的压力。因此我们经常耐心地开导孩子，要以一颗平常心对待学习和生活。高二以后，由于奥赛课程增加，尽管奥赛成绩一直保持在班级第二名，但王烁迪的文化成绩一度下滑，最低的时候降到全校六七百名。我和孩子深入地探讨了这个问题，并表明态度："学习奥赛我们都支持，但是如果因此影响了文化成绩那就得不偿失了。要对文化课的学习端正态度。"孩子也表态，在不影响奥赛的前提下，努力加强文化课的学习。经过一段时间的努力，他的文化课成绩重新回到年级百名之内。

三、家校共育形成合力，释放教育的最大潜能

孩子是家长的，不能把孩子不负责任地推给学校后就不管了，老师也好学校也好都是在帮我们教育孩子，希望所有家长要有这种认识。衡中的老师是优秀的、出色的，但家长也要给孩子强化、美化他的所有老师，让孩子尊敬信服老师，让孩子永远有一颗敬畏之心、感恩之心。

目前儿子处于高二阶段，我能做的是后勤大保障：时刻关注孩子的情绪、心情，做好疏导工作；交流时，让孩子多说，通过他的叙述找到他的悲喜从何而来，真正和孩子心连心；和班主任多沟通，及时了解孩子的动态。他的两位班主任张权和张杨志老师被孩子们亲切地称为权哥、杨志哥。班主任老师每天5点多到校、晚上10点多回家，工作长达十几小时，很辛

苦，很负责，我为儿子能遇上这样的老师而庆幸。

让孩子快乐学习、健康成长是所有家长的期望。我们相信这样的目标在衡中一定能实现。

感谢衡中，让我们起步在高点，感谢所有教过王烁迪的老师，让王烁迪更加热爱衡中；更感谢现在的857班，让王烁迪有了奋斗的目标、赶超的对象，勇于追求卓越。

我们相信，所有衡中的孩子和孩子家长都会无悔于当初对衡中的选择。

陪伴是最长情的告白

（871班李可瓒家长）

12月14日下午学校放假，我们接到儿子，在外面吃了晚饭。晚上，儿子说他失眠了，我询问原因，儿子向我诉说着近期的困惑：联考600多名，数学遇到难题，开始怀疑自己的能力，精神压力大……

我表面上谈笑风生，轻声安慰着他，又让他玩了一会儿手机放松了一下。凌晨1点，儿子沉沉睡去，而我内心却无法平静，我该怎样开导他，帮他渡过这个难关呢？

回想这一年半的时间，经历过刚刚升入衡中的欣喜，见识过物理奥赛班里诸位大神的实力，体验过是否退赛的彷徨与不舍，度过了选科的艰难抉择和重新分班的不适，品尝了地理奥赛落选的失落和"鸡飞狗跳"的学考……有喜有忧、有笑有泪、有花有果，磕磕绊绊地走在为理想奋斗的路上。

能够进入衡水中学学习，儿子是幸运的；能够成为一名衡中家长，我们是骄傲的。有限的知识水平和狭窄的眼界造成了孩子基础教育的落后，在强手如林的衡中校园里都是聪明又勤奋的孩子。争强好胜的儿子凭借着踏实与努力紧紧地跟在那些优秀学生的背后，其中的吃力与艰难可想而知。

陪伴是最长情的告白，而守护是最沉默的陪伴。我们无法从知识上辅导他，只能在生活上为他安排好一切，免除后顾之忧，包括多打几通电话，在精神上鼓励他，让他轻装前行。学校两周一次放假，我们推掉一切工作，前往衡水陪伴儿子。只要天气允许，一小时五十分钟的车程根本阻挡不了我们回家的脚步。因为我知道，那个简陋却温暖的家才是儿子心灵的栖息所，那张窄小的床铺才是儿子最惬意的放松之地。

这次因为雨雪，我们没能回家，住进了衡水湖边的酒店。怎样开解他？怎样为他减压呢？我彻夜未眠。

衡中故事

清晨，我约儿子去散步："我们去看看冬天的衡水湖吧！"他欣然同意。5分钟后，我们俩站在湖边，放眼远眺，宽阔的湖水一眼望不到边，隐隐约约的小岛寂静地伫立在远方，几丛干枯的芦苇斜倚在湖边，冬天的衡水湖静谧得像一幅画！

儿子深呼吸了一下，说："不错，空气很新鲜！"

"儿子，这里没别人，朝着这湖水喊几嗓子，心里就不憋闷了。像这样，哎——啊——"

"嘘！妈妈小点声！那边有个钓鱼的，你把人家的鱼都吓跑了。哈哈……"我幼稚的行为把儿子逗乐了！

"儿子，你说这大冷天的，那个钓鱼的顶着冷风寒气，为的是啥？"

"为的是钓上一条大鱼呗！"

"那他起一次竿，看不见鱼得多失望啊！每次起竿，每次失望，那得多怀疑自己的技术啊！也许蹲一天都一无所获。你说，他明天还来不？"

"来啊！明天再换个地方，或者换个鱼竿，兴许下一竿就能钓上鱼了。"

我歪着头看向儿子，慢慢地说："其实，你也正在钓鱼……不能因为一次两次的失利就放弃，沉住气，换个方法，换种心态，耐心等待，就能钓上一条大鱼……"

儿子落泪了，哽咽着说："妈妈，我明白，我什么道理都懂，我也知道该怎么做。从上初中后，我就没哭过，可这次也不知道怎么了，就是心里难受，想发泄一下，你别笑话我……"

我悄悄地递过去一片纸巾："儿子，在妈妈面前，你永远不用伪装，你所有的心事都可以向我倾诉，多大的困难都让我们来一起克服……就像来湖边的路，不管是平坦的柏油马路，还是凸凹不平的石子路，还是坑坑洼洼的泥土路，只要你需要，爸爸妈妈随叫随到！"

看望儿子后10天过去了，在班主任的关心下，儿子的心情早已经阴转晴，又激情四射地投入了紧张的学习生活中。

作为家长，面对孩子学习生活的起起伏伏，我们只需要用"爱"守护着"家"，高质量地陪伴着他，为他提供一个温暖的港湾，一个可以依靠的肩膀，倾听他的喜怒哀乐，必要时递上一片安慰的纸巾。因为我清楚地知道，再多的感同身受，再多的心疼不忍，我也不能代替他完成这些化茧成蝶的关键步骤。路还要他自己一步步走,苦也要他自己一口口吃,所有经历的痛苦和伤心的泪水都会化成铠甲,让他有力量坚强地面对今后的世事无常!

我和老公深深感到,孩子的成长是父母的一场修行。感恩衡水中学给予我们的一切,感恩儿子一路成长带给我们的启迪。

用泰戈尔的一首小诗做结尾吧:让我的爱/像阳光一样包围着你/而又给你/光辉灿烂的自由。

衡中故事

家有儿女在衡中

(877班胡俊枭家长)

2018年7月,儿子很荣幸地收到了衡中的录取通知书,转瞬已是高二的学生了。这一年多来,儿子收获了很多,成长了很多。作为一名衡中学子的家长,看到儿子周围众多优秀的孩子,让我深深感到,要想让孩子变得优秀一定要做一个合格的家长,对孩子的教育一定要注意以下几点。

一、要培养孩子自觉学习的好习惯

从孩子小学开始我就对他严格要求,每天的家庭作业都要求他自觉认真地完成。儿子到了衡中,和这么多优秀的同学在一起,自觉性更强,每次放假回家,都安排好学习时间,有计划地完成假期作业。出去游玩儿子也会带上几本课外书,累了休息时自然地掏出书来看一会儿;坐火车他也会带上几本书。我想这也许就是一种衡中精神吧,"把学习当成一种习惯"。衡中的孩子都很自律,学习氛围很浓。蓬生麻中,不扶而直;白沙在涅,与之俱黑。环境对一个人的影响真的很大,置身于这么浓厚的学习氛围中,学习就是一种习惯,好习惯一定能让我们在学习和生活中有好的收获。播下一个行动,收获一种习惯;播下一种习惯,收获一种性格;播下一种性格,收获一种命运。好习惯很重要。

二、想要孩子独立,就要舍得放手

选择去三百多公里外的学校上学时,一开始我是很矛盾的:一方面,衡中是如此优秀的学校,我很希望孩子能在这里完成高中学业;另一方面,离家太远,儿子长期在外,还真有点不放心。但是这种不舍的想法很快就被我放弃了,因为我想到了自己的几次放手都让孩子得到了很好的锻炼。

儿子初中时是走读生,我和他爸都要上班,没时间给他做饭,于是我和儿子商量说:"儿子,你自己能学炒菜吗?"儿子想了一下,很爽快地回答:"妈,没问题,相信我!"于是周末我就教儿子炒菜。一天,两天……

一直到儿子初中毕业，我都是早上把菜切好，儿子中午回家自己做。吃完饭，儿子还把锅碗洗得干干净净。晚上回家看着整洁的灶台，我真是很感动。儿子很独立，他还这么小，已经做得很不错了。

2016年，儿子初一刚放暑假时，突然对我们说："我想去姥姥家玩，这次我想自己去，你们不用送我，行吗？"我真是不敢相信，才13岁的孩子啊，一个人要从北京到四川，而且是从我们河北燕郊到北京西客站，这段路程还要坐公交、倒地铁，最后才能上火车，我当时就拒绝了。看着他那期盼的眼神，他爸和我商量说让儿子试试吧，孩子总得学会长大。就这样，儿子背着行囊，开始了一个人的旅程，全程无人照顾，到四川也没让姥姥接，一个人安全到家。当他打电话报平安时，我激动得掉下了眼泪，是担心，也是欣慰。

自从那次以后，我感觉儿子长大了，很多事情他都能自己独立地去完成，所以把他送到衡中上学我也放心了。事实证明，他在学校也很适应，能照顾好自己。"有舍才有得"，要想让孩子独立，我们父母就要舍得对孩子放手，让他们去干他们喜欢的事情。有的时候不是孩子不会干，而是家长不让他们去干。我们不能让爱束缚了孩子们的手脚，爱他就要学会放手。

三、支持孩子的兴趣，支持孩子积极参加学校的活动

兴趣是最好的老师，孩子的爱好我们应该支持。衡中是一个特别好的平台，为了让孩子们有丰富的课余生活，学校为孩子们开设了60多个社团，涵盖了文学、绘画、音乐、舞蹈、人工智能等多个领域，如微电影社团、智能机器人社团、航模社团、3D打印社、模拟联合国等，多才多艺的孩子们在各自喜欢的社团中充分发挥着自己的想象力和创造力，增长了不少见识，让孩子们的兴趣开花结果。

儿子一直喜欢地理，他爱看地理方面的书，爱在手机上查看地理的相关知识。为了让他多了解这个大千世界，从小学到初中，我们带他游玩了很多地方，泰山、华山、衡山、北戴河、三亚……为了让他增长见识，我们从北京开车到上海去游玩，一路走走停停，看到了不少奇观。儿子喜欢研究火车，我就陪他一起从北京到云南再到三亚，全部的路线都由儿子安排，这样既满足了他的爱好、增长了他的见识又锻炼了他的独立能力。现在无论让他一个人去多远的地方我都是放心的，因为我相信他有这方面的能力。高二上学期，儿子经过地理奥赛选拔考试。初赛时，儿子取得了全国第一的好成绩，我们很为他高兴。不管成与败，这都是他喜欢做的事情，是有意义的事情，只要他感兴趣，就会很用心地去学。我支持孩子的兴趣，尊重孩子的选择。

我也经常鼓励儿子积极参加学校的各种活动。在高一的奖助学金颁奖大会上，儿子作为志愿者，接待了赞助方的负责人，还与航天英雄杨利伟将军零距离接触，并请杨将军为自己签名。在学校的八十华里远足活动中，儿子是C部的旗手，走在队伍的最前面，还代表C部全体同学在远足活动开始前进行宣誓，我们感觉儿子已经有了一定的担当。2019年5月，儿子又参加了"十佳学星"演讲竞选。经历了好几轮的演讲与筛选，虽然没有取得最后的胜利，但"经历就是一笔财富"，从经历中沉淀出精华，只有这样，才能让自己的人生绽放出最耀眼的光芒。只要有兴趣就去干，那么离成功就不远了。

四、孩子遇到困难时要多鼓励

从小学到初中，虽然儿子一直都很优秀，但到了衡中这个高手如云的超级学校，儿子遇到了一些挫折：进入衡中的第一次考试考了888分，在全年级3800多人中位于第821名，这对从小学到初中一直全年级名列前茅的儿子来说无疑是一次沉重的打击。我鼓励儿子说："儿子，你刚到这个学校，也许还没怎么适应，你要相信自己，一次考试证明不了什么。"我以为儿子会很沮丧，本想再好好安慰一下他，但没想到的是，儿子表现得非常淡定，告诉我说："妈，我不会灰心的，我觉得我还有很大的进步空间，我会继续加油，努力向前冲。"我被儿子的这种心态所震撼，也深深感受到衡中老师对孩子们的教育非常到位，不仅仅是学习上的，还有心理素质上的教育。儿子真是说到做到，接下来的考试每一次都在进步：高一上学期二调考试上升到全年级第592名，期中考试上升到第196名，后来是第179名、第106名，高一下学期二调考试居然上升到全年级第17名。到目前为止，儿子的成绩基本能稳定在全年级前100名。每一次考试后，我都会鼓励他，让他好好总结，考差了也不要气馁，不到最后千万不要放弃。有了我们的鼓励，儿子信心十足。

五、有时间一定要多陪陪孩子

家庭是孩子心中最温暖的地方,特别是孩子们学习累了的时候,他们很希望和父母交流交流,畅谈一下学校生活和自己的内心。衡中放假很有规律,几乎都是每两周放一次假。每次放假我和大多数家长一样都急切地想去见见孩子,儿子也很珍惜这短暂的相聚时刻。每次放假回来,儿子都会兴致勃勃地给我们讲近期的学校生活,有时还会给我们模仿一些有趣的课堂教学过程。看着儿子开心的笑脸,感觉他很放松。我觉得学生心情就是要这样,放假时就应该开开心心,释放一下学习时的紧张。为了享受短暂的假期,儿子每次都要带我们出去玩,晚上吃完饭逛逛公园,早上一起散散步。陪伴是最真的爱,多陪陪孩子,多与孩子谈谈心,这样才能多方面地了解孩子,成为孩子的朋友才能更好地与孩子沟通。

六、支持学校和老师的工作

孩子优秀,除了自身的努力、老师的谆谆教导外,还需要我们家长全力支持学校和老师的工作。

我们要向孩子宣传学校的正能量信息,不要片面地听信一些网络谣言,不要对一些老师做负面评价,要积极支持学校和班级组织的各种活动。

高一下学期,为了做好孩子们的坚强后盾,也为了更多地支持老师的工作,我加入了班级家委会,和家委会的家长们一起为孩子们加油,一起和孩子们成长。

在八十华里远足活动中,我和孩子爸爸积极加入了啦啦队,天没亮就到了衡水,带着鼓,敲着锣,从一个点到另一个点,为孩子们助力、呐喊。我很珍惜和儿子一起参加学校活动的各种机会,我希望在儿子求学的路上也能印下我们的脚印,见证儿子的成长。

衡中的孩子很优秀,个个是良苗,良苗离不开沃土的培养。

衡中就是孩子们成长的沃土,老师们用心血无私地浇灌着这些祖国的花朵,夜以继日,风雨无阻。衡中就是学生们追求梦想最好的平台。追求卓越,永不止步,我将向衡中优秀学生的家长们学习,多与儿子沟通,经常与老师联系,不断提升自我,与儿子一起进步、一起追求卓越。

通往远方的路

(879班纪静家长)

三年的高中生活可以这样概括：高一是基础，高二是关键，高三是决战。时光飞逝，转眼之间，女儿高中时光的关键期已然过半，逐梦路上蓦然回首，留给我们每位家长的是相同的经历、不同的感受。

一、榜样的力量

在教育孩子的道路上，我从不犯"拿自己的孩子和别人家的孩子比"这样的错误，我会利用"闲聊"的机会向她传达优秀孩子的喜讯。比如，同事家孩子保研上了中科院的研究生、表姐通过了国家律师资格考试、邻居家孩子考上了某某重点大学……

通过女儿熟悉的人所取得的成绩来激发孩子学习的热情和斗志，潜移默化之中让要强的女儿打小养成向榜样看齐的习惯，早早地在心中埋下梦想的种子。

如今的女儿已经会自己寻找榜样，以榜样为镜子，发现自身的差距与不足；以榜样为旗帜，为自己指引方向。高一上学期班长刘子晗同学已经成为她学习的"女神"。

二、爸爸给的"学习法宝"

人们眼中的天才之所以卓越非凡，并非天资超人一等，而是付出了持续不断的努力，一万小时的锤炼是平凡人成为大师的必要条件——这句话可以简化为"不管你做什么事情，只要坚持一万小时，基本可以成为该领域的专家"，这就是著名的"一万小时定律"。

在女儿去衡中之前，爱人把这样一个方法告诉了女儿，并把它套用在学习这件事情上。他说："三年的时光每天如果学习十小时，正好是一万小时，正好符合这个'定律'，只要坚持。在坚持的过程中可能会遇到很多这样或那样的困难，想办法去克服，或者去改变、去适应。当三年真的快结束的时候,你一定会有一个'质'的改变。"

的确,这个方法成为女儿打开学习之门的"金钥匙"。

高一上学期期末成绩出来的那个早晨,女儿打来电话,哽咽着对我说:"妈,成绩出来了,我拼了半年,成绩却又落回了原点。"这个从小善良、努力勤奋、自律向上的孩子在成绩到达抛物线顶点之后于期末考试又回到了原点,自信心脆弱得摇摇欲坠,我拿着手机感觉到揪心的疼痛。早饭过后第二个电话打来,此时的女儿已经整理好心情、调整好状态,诙谐地说一万小时才仅仅过去六分之一,来日方长,自己定会永不言弃。

从此以后,每当女儿学习累了出现倦怠,或者成绩出现波动而情绪低落时,她都会及时调整心态,不被当前状况所羁绊,咬紧牙关,坚持下去直至走出低谷。这也是女儿自从上了高二成绩逐渐上升的原因之一。

三、一路陪伴的亲情

女儿很懂事,知道自己异地求学会给父母带来经济和精力上的双重负担,所以只有自己更加努力学习来回报父母。我们则是给女儿卸下思想包袱,营造和谐的家庭氛围,让孩子在积极的状态下健康地成长、快乐地学习。

每次学校放假,我和爱人一定会出现在学校西北门,无论工作多忙都会协调开,两周一次去衡水看女儿成为我俩雷打不动的生活常态。我们见到女儿的第一件事便是给她一个大大的拥抱,可以说这个拥抱胜过千言万语。

把女儿接回家,我们会推掉所有的应酬,一日三餐的饭桌成为交流的平台。我们主要以倾听为主,倾听孩子的思想,倾听孩子的感受,做孩子最亲近、最信任的"知心朋友"。短暂的相聚时光,女儿会把两周来的快乐、苦恼,学习上、生活上的事情讲给我们听,借此来缓解压力。我们也会在了解孩子思想动态之后及时地给予鼓励和指导。

针对考前焦虑问题,我们告诉她要保持"空杯"心态,坦然面对,要有"无须念过去,不必畏将来"的洒脱精神,走好现在脚下的每一步路。

孩子面临新高考选科,因为是改革后的第一届所以没有任何经验可以借鉴,我和爱人也是积极学习,听讲座、查资料,结合孩子的理想和优势科目进行分析,生怕孩子走错这一步。最后定科时,我们召开家庭会议,各抒己见,最后经过论证确定下来。可以说我们从未错过女儿人生中每一个重要时刻。

四、家校共建形成合力

女儿能进入衡中学习是幸运的,所以不管是孩子还是作为家长的我们都很珍惜这份来之不易的学习机会。

女儿每次的家长会我都会准时参加,拿出专门开家长会的笔记本,认真聆听并记下老师布置的所有任务。该跟孩子交流的会后跟孩子交流,该家长做到的绝不打折扣,真正做到一位"听老师话的好家长"。

学校细化的作息时间表成为孩子成长的助推器。女儿初中时,时间观念不强,办事拖拉成性,好在初中学习强度不大,成绩一直名列前茅。上了高中,学习强度突然加大,导致学习时间不够用,学习效率低,学案、自助等几乎没有做过,所有的自习完全用在应付作业上,时间规划捉襟见肘。经过一年多的作息训练,女儿达到了不仅保证充足睡眠还能高效学习的状态,进入高二后成绩开始爬坡。

衡中老师没有假期这话一点也不假,他们的敬业精神真是让人佩服。每当放长假,班主任和各科老师每天会利用不同形式来督促孩子自主去学习,达到今日事今日毕的学习成效。有如此强大的教师队伍领航,孩子又怎能不去"追求卓越"呢?

女儿今后还有很长的人生路要走,愿她在衡中这座"大熔炉"里锻造三年后,昂首挺胸、步伐矫健地走出属于自己的一条康庄大道!

成长的快乐
——儿子在衡水中学就读一年有感

（890班王炯哲家长）

前些日子衡水中学放假，像往常一样，在回家的路上，王炯哲高兴地讲起学校里各种各样的趣事，这次聊起了刚刚学过的《蜀道难》。王炯哲说："我太喜欢《蜀道难》了！李白真是个神仙！"简单议论几句后，又说，"老爸，你原来不是从《梦游天姥吟留别》中取了个名字叫'青崖骑鹿'吗？我也从《蜀道难》中取了个名字，叫'剑阁抚参'。"在立即给出"境界高远"的赞叹同时，我心中充溢了幸福的感觉：在衡水中学的一年多来，儿子正在快速地成长，并在欣享着成长的快乐。

首先，最能真切感觉到的是王炯哲在学习中得到的快乐。从小学开始，我和儿子就达成了共识：学习是一件快乐的事，要快乐学习。从小学到初中，王炯哲几乎没有上过课外补习班，在这种宽松的"管教"下，王炯哲的学习成绩一直保持在上游水平，而比这更重要的是学习的兴趣从未衰减。2019年7月7日，我有幸受老师委托到学校进行周测监考，在填写监考单的家长寄语一栏我给孩子们写下："我希望你们能尽早发现，而且终有一天你们会发现：学习，是人生最大的乐事之一。"

2018年上半年在选择哪所高中就读时，我和孩子妈妈有些犹豫：衡中的教学质量和教学成绩众所周知、不容置疑，但衡中的氛围王炯哲能适应吗？家长的担心和犹豫有时候很有些"皇帝不急太监急"的意思，王炯哲的态度简单而坚定："我上衡中。"

孩子的事情孩子做主，但我们心中隐隐的担心却潜伏了不止一天，直到王炯哲入学后的两个多月。2018年10月16日，午饭后王炯哲给我打来电话，说："老爸，我体会到了来衡中的好处——我发现写作原来是这么爽的事！"我们的担心原来都是多余的！衡中果然有其独到之处！回看

衡中故事

以前的日志，我这样记录了当时的心情："如沐春风般的幸福。"其后，每次接儿子回家，阅读王炯哲的随笔本成了一大乐趣。到高二开学时，儿子已写成多篇独立成文的小说或散文，比如，《肉》《楼》《不夜》《吴先生》等，虽然文笔和情节可能还很稚嫩，但儿子乐在其中，老爸也就乐在其中。

衡中的"好处"可远不止让人发现和保持学习的兴趣。现在，王炯哲已升入高二，在老师们的关心下，一方面对学习的兴趣有增无减，另一方面学习的态度和信心也出现了明显变化。前面提到的小学、初中的宽松学习环境，不可避免地造成了儿子一些散漫习惯。去年刚上高中时，学校要求填写自己的目标大学，王炯哲写的是文史类大学。看到这"宽松广泛"的目标，老爹我可真是有点心酸。然而，一年多来，学校的氛围、老师的引导、同学的互促，我明显感觉到儿子的变化，暑假时又聊起儿子的目标大学，儿子说："北大吧。"最近从班主任老师每天在群里发的照片能看出，王炯哲正在积极地向着自己的目标努力和前进，就像他经常在电话里和爸妈说起的貌似调侃实则真心的那句话："我在追求卓越。"我想用不了多久，儿子再说起目标大学时，"北大吧"后的语气词就该换成感叹号了吧。追求卓越，衡中理念正在悄悄地滋润培育着每一个努力上进的孩子。

在学习之外，我也能感受到王炯哲在衡水中学与老师和同学们的快乐相处。从小学开始，王炯哲就颇有"敦厚长者"之风。四年级时，班主任给我打电话说，班里最调皮的孩子谁的话都不听，问我能否安排和王炯哲同桌，让王炯哲带带。儿子同意，我当然不反对。那个孩子后来和儿子成了好朋友，孩子的家长还曾专门向我和王炯哲妈妈当面表示感谢。初中三年，王炯哲一直担任班长，跟同学和年级多位老师都建立了深厚感情。儿子进入衡水中学后，同学们朝夕相处，你追我赶；老师们披星戴月，以校为家。同龄人的互相帮助和竞争，师长们诲人不倦的谆谆教导，都让我们家长既欣慰又羡慕。上周暑假开学后，王炯哲打来电话说，老师安排他当团支书了。这周周二，看到班里评选的"每日之星"写着"团支书王炯哲工作负责，团活课风趣幽默"，心中又是一波老大的欣慰——儿子正在体会着给同学们服务的快乐。暑假里，王炯哲还说起，开学后他想争取加入学生会，要更多更好地帮学校、老师和同学们做点事。我相信他一定行！

总之，一年多来，我们越来越多地看到和感觉到儿子进入高中后成长的快乐，如学习的快乐、担当的快乐、进取的快乐。这些快乐，也是我们家长最大的快乐！

向为了这些快乐默默付出的老师们致以最深切的谢意！

家校携手，共育花开

（19116班孙源家长）

我的家在河北省最北部的围场县，距衡中一千三百余华里。衡中之名，早已如雷贯耳。孩子有幸到衡中就读，给了我和家人最大的惊喜。我甚至唯心地跟孩子说："你的名字中有源字，取源头活水之意，看来你与衡水有缘，与衡中有缘。"

衡中对全国的诸多学子来说，毋庸置疑地成为考入理想大学的求学圣地。在通往大学的朝圣路上，每一位朝圣者也注定付出艰辛、经历磨砺与洗礼。

孩子到衡中就读快一个学期了，身为家长的我们似乎不约而同地在孩子身上"看到了泪水，感到了汗水，倾听了苦水"。但作为家长的我们深知百炼成钢的道理，都坚信衡中这座大家庭的熔炉必然会锻造出好钢。

孩子成才，关系命运，情系家庭，干系未来；根在自身，本在学校，源在家庭。教育始终是一个家庭的头等大事。家长在配合学校、老师教育孩子方面，应主动担当、积极作为。我粗浅地认为应该从"抚其心、明其位、励其志、定其力"方面努力践行。

一、抚其心，做孩子脆弱心灵的"抚慰剂"

孩子的心灵无疑是脆弱的。初次离开父母，初到陌生环境，初犯铁律校规，太多的初次对"蜜罐子"和"温室"中长出来的孩子来说，原来就不强大的心灵在入学之初显得尤为脆弱。孩子需要倾诉，家长需要倾听，此时与孩子的沟通就显得十分重要。我觉得畅通与孩子的沟通渠道是关键。

首先，密切关注孩子的动态。家长通过接听电话、关注家长群及学校信息平台等途径随时掌握孩子动态，发现苗头性问题及时劝慰，及时化解心里矛盾。

其次，主动与老师沟通。孩子心里是怎么想的一般不敢主动找老师直接沟通，家长是第一知情人，家长解决不了的应该主动向老师求助。最近选科分班后，孩子有些情绪不稳定，学习不在状态，我主动向赵迪老师求助。赵老师百忙之中找孩子谈心了解情况，做了耐心细致的思想工作，对孩子面临的困惑进行了点拨。从孩子的表现看，确实收到了吃定心丸的作用。类似的状况，我也曾求助于李轩等老师，许多问题都迎刃而解了。前段时间孩子因为"无奈上厕所"问题违纪扣分，正心怀忐忑将要受到严厉批评时，赵迪老师"你要注重细节"这样充满宽容和理解的一句话呵护了孩子的自尊，触动了孩子的心灵，起到了"一语点醒梦中人"的效果。

老师们"朝五晚十"地辛苦工作，全身心地扑在工作上，一切都是为了孩子。所以，家长要充分理解老师、相信老师，因为老师的教育永远是正能量的、充满力量感的，这也是我们家长所不及的。

二、明其位，做孩子准确定位的"经纬仪"

衡水自古多才俊。衡中无疑人才济济，且多为翘楚。我多次被衡中孩子们考分之高惊到。对以美术特长生身份被录取的孩子来说，她的成绩由原来的中等逐渐变成了实验班的"尾巴"。衡中的老师都是负责任的，孩子也成了各科老师的重点帮扶对象，连跑带颠似乎还有些跟不上节奏。那段时间，孩子非常苦恼，确实"找不着北了"。此时，孩子原有的自信全然不见，自卑、迷茫油然而生，难题不会做，甚至简单的题也开始丢分了。我隐约地感觉到，孩子要迷失自我了。利用孩子放假的时间，我们去衡水看望她，帮她分析学习美术与文化课双重压力及学习方法等客观因素，帮助孩子确定了"平和心态，注重基础，改变方法，稳步推进"的定位，帮助孩子找到适合自己的位置，重新定位，重拾信心，从而使成绩得以稳中有升。类似这样的阶段性定位，会贯穿孩子学习的始终。

三、励其志，做孩子人生航向的"指南针"

孩子当初去衡中时心气是很高的，高手如林的概念是没有的，后来几次看到考分的差距时，让她感觉到"理想很遥远，现实很骨感"。她曾经打电话追问我们："衡中老师那么优秀，每天却又那么辛苦地工作，对不优秀的我来说将来能干什么呢？"她似乎对考美术设计类院校的美术梦想产生了些许质疑。这或许是孩子对人生观、世界观、价值观的第一次郑重考量。衡中的励志教育始终做得很好，这样的追问孩子会在未来的学习中找到答案。我只是告诉孩子,衡中的优秀学子们最终都会回归社会,可能会有平凡的岗位、普通的工作,但无论何种岗位,爱岗敬业、奉献社会、体现价值就是人间正道。

四、定其力,做孩子永不言弃的"守护神"

我理解"坚持到底,拼搏奋进,永不言弃"是衡中人骨子里的精神。孩子入学后,出现了违纪扣分、成绩下滑、情绪波动等诸多问题,有时甚至感到她忙得焦头烂额了,但"放弃"一词始终没有轻言。我知道,她骨子里已经开始流淌衡中精神的血液了。在孩子苦闷的日子里,我写了一首诗送给她,"涅槃烈焰灼日烧,凤凰展羽比天高。遥想栋梁擎天日,寒门学子畅九霄",让她明白"凤凰涅槃,浴火重生"的道理。她把一篇题目为《秋》的作文给我看,说这篇作文写出了她的真情实感,老师给了高分。她在作文里写道:"猛然想起信老师的一句话,抓住秋天的尾巴,也许明天就是冬天。我决定写下这篇文章献给教会我自信、自强的秋。"我想,在这令多数世人伤感的秋中都能找到自信,怀揣着美术梦想的孩子怎么会轻言放弃呢?

衡中始终站在全国教育教学改革的最前沿,引领时代之先,眼界之宽、平台之高是毋庸置疑的,家长们更应该坚定"不是孩子自己选择了衡中,而是我们与孩子共同选择了衡中"。要树立"一人来衡中,全家衡中人"的理念,与衡中"家校携手,共育花开",这是我们家长的应尽之责。

教育永无止境。在孩子的教育问题上,无论是孩子、家长甚至学校,都始终走在成长的路上。

我们有充分的理由坚信,选择衡中,一切皆有可能!

让我们在平凡与艰辛中成长

（19511班刘星岐家长）

年年岁岁、新旧更替，一路成长欢歌，在这平凡与艰辛中，儿子长大了。

和天下所有的母亲一样，从怀胎十月我就开始计划着做一个合格的母亲，可是儿子的成长还是让我体会了许多的措手不及。幸好，儿子是一个从小就懂事的孩子，没有所谓"叛逆"，更没有面红耳赤的"敌视"。但当孩子踏上了离家求学之路，通过自己的努力成功走进了衡水中学美丽的校园开始，作为孩子从未离开过自己的母亲，总是无法控制地担心他，担心他在学校有没有吃饱，能不能照顾好自己，与同学们相处是否融洽，学习上有没有困难……而当一次次从儿子口中得到满意的答复时，我意识到应该和儿子一起成长了。

国庆节放假，儿子终于回家了，我餐餐都将精心准备的美食摆满餐桌，儿子当然吃得不亦乐乎。然而真的是"人无远虑，必有近忧"，儿子返校当天晚上就突发肠胃炎，上吐下泻还伴有低烧。我听到电话那端孩子虚弱的声音，心里懊悔极了，焦急又担心，恨不能马上去学校看看孩子的状况，带孩子去看医生。孩子体会到了我的不安，宽慰我说："别担心，老师给我开了就诊卡，我自己也去看过校医了，不会有大问题的，您千万别来学校。"我再次意识到应该和儿子一起成长，要让孩子感受到父母对他的爱是他坚实的支撑，因此，我及时平复下自己焦虑不安的心绪，告诉儿子我们相信他会照顾好自己，并叮嘱饮食一定要注意，吃些好消化的食品，千万记得按时吃药。第二天，儿子怕我担心，又打来电话，告诉我肚子不疼了也不发烧了，让我放心。这是儿子长到15岁第一次生病的时候我不在他身边，我虽然心里酸酸的，但也很欣慰，我清楚，这是他成长路上必经的阶段。正是在这平凡的点点滴滴中儿子长大了，在衡中这样一个优良的环境中把自己历练得更加勇敢、更加坚韧，渐渐成长为一个有担

衡中故事

当的男子汉。

还有刚刚结束的"选科风波"仍历历在目。原本非常喜欢自然科学而且初中物理成绩不错的儿子，偏偏在两次调考和期中考试中物理成绩不理想，不得不面临一道难度不低的"选择题"，是选择自己的优势科目报"文"，还是坚持选"理"？加之孩子从小的理想就是成为一名优秀的外科医生，如果选"文"就要放弃自己的这个理想。说实话，我心里也是犹豫的。儿子跟我说："妈妈，我终于明白《平凡的世界》里孙少安为什么不娶田润叶了，因为挡不住现实的阻隔。"我意识到，这个选择对孩子可能有一定压力了，对这次选科他看得太重了，所以需要及时跟儿子进行一次认真沟通。因此，利用放假接孩子回家在路上的时间，我和儿子进行了一次交流。我耐心地告诉儿子，人生需要选择的关键时刻还有很多，这次的选科虽然很重要，但也没有必要想得太过复杂，自己的未来掌握在自己手里。"你虽然从小有做医生的理想，但你为何不能在未来找到一个更适合自己的理想呢？而且，妈妈跟你讲过'木桶原理'，一只木桶能盛多少水，并不取决于最长的那块木板，而是取决于最短的那块。但若要使木桶的盛水量增加，要么换掉短板，要么将其加长。而将木桶倾斜到最合适的角度，便能将这块短板的劣势减少到最小，甚至可以忽略掉，从而让木桶盛下更多的水。这个原理用在我们面临的选科问题上未尝不可。选择自己的优势科目，让自己未来的成绩能更好地提升，不是很好吗？至于未来的专业选择，相信在衡水中学这样一个高水准的平台上，随着自己视野的不断拓宽，你一定会找到更适合自己的目标与理想。"通过耐心的沟通，儿子仿佛淡然了许多，返校后也不再纠结了，开始踏踏实实地投入学习中，周测成绩有了明显提升。这道"选择题"做下来，让我再一次意识到儿子成长了，遇事更加淡定、处事更加智慧了。

这就是在平凡与艰辛中渐渐成长的儿子。让我们努力做一个可爱的人，阳光下灿烂，风雨中奔跑，做自己的梦，过自己的人生。加油，宝贝儿！

一路陪伴，追求卓越

（19516班王君昊家长）

2019年8月23日，一个普通而又寻常的秋日，一个值得我们全家永远铭记的日子，因为这一天是衡水中学2019级新生报到的日子。

迎着晨曦，我们一家三口早早地赶到了衡水中学的校门口，仰望着红色气球上"欢迎新同学"几个大字，心中充满了无比的激动和自豪。看着王君昊那张自信阳光又灿烂的笑脸，我不禁感慨万千。激动、喜悦、难过、担心一股脑涌上心头，儿子成长过程中难忘的两件事浮现在眼前……

拒绝弟弟后

2013年7月13日晚上，花园广场人头攒动，乐曲声、叫卖声、孩子们的欢笑声交织在一起。白天刚刚参加完三年级升级考试的王君昊正尽情地和好朋友玩耍着。他们肆无忌惮地疯玩，大声地笑着、跳着、叫着。看着儿子那张乐开了花的小脸，我也喜在心头。小小年纪的儿子懂事听话，对学习一点儿也不马虎，上课认真听讲，回家后不用督促就主动认真地写作业，也爱看课外书，去了书店就舍不得出来。

"妈妈，我也想去哥哥家玩。"小姑子的孩子宁宁带着哭腔打断了我的思绪。原来儿子他们在健身器材那里碰见了只比儿子小9天的弟弟宁宁，宁宁便加入了他们的行列。玩的过程中，王君昊邀请好朋友晚上来我们家玩，好朋友爽快地答应了。当他听说宁宁也要来时，脸立马拉下来，不吭声了。我知道儿子拒绝弟弟的原因，宁宁是他爷爷奶奶唯一的孙子，自小娇生惯养，又自私又霸道。看着儿子冷若冰霜的脸，我心里真是生气，可对着这么多人又不好发作。后来正巧宁宁的姑姑来，宁宁也便去自己的奶奶家了。

这天晚上我久久不能入睡，儿子那张拒宁宁于千里之外的脸不时浮现在我的眼前。怎么办？明天揍儿子一顿，怕他心里不服；好好训一顿，又

衡中故事

怕没效果。思来想去,我决定给他写封信。我这样写道:"儿子,无论是与兄弟姐妹还是同学朋友相处时,我们应该尊重别人的优点,原谅别人的缺点;学习别人的长处,避免染上别人的恶习;多想想别人的好处,忽略别人的缺点。宁宁是有很多毛病,但也有可爱之处。妈妈希望君昊做一个宽宏大量、包容弟弟的哥哥,而不是斤斤计较并和别人一起取笑弟弟、孤立弟弟的哥哥。妈妈相信君昊会是一个宁宁心目中的好哥哥。"我把信放在了儿子的床头。

两天后的中午,王君昊低着头走到我的面前,小声说:"妈妈,我错了。那天我不该那样对宁宁,我要做个好哥哥。今天我邀请宁宁来咱们家,好吗?"我拉起儿子的手,温柔地说:"妈妈也相信君昊是个好哥哥。"现在,王君昊不仅和弟弟妹妹和睦相处,在同学朋友中间也有好人缘。

德国哲学家雅斯贝尔斯说过,教育的本质意味着一棵树摇动另一棵树,一朵云推动另一朵云,一个灵魂唤醒另一个灵魂。当孩子出现问题时,我们家长一定要冷静思考、用心处理,设身处地地从孩子角度出发,也许会起到事半功倍的效果。

预考失利后

2018年12月18日中午,天阴沉沉的,正如我们的心情——王君昊没有被石家庄二中预录取。儿子只吃了几口饭就默默地进了书房,并且关上了门。我没有跟进去,我知道现在说什么都是徒劳,不如让他自己静静地待一会儿。

下午上学临走前,王君昊递给我一张字条,上面写道:"妈妈,对不起。我本来想考上石二,让你们高兴高兴。可是,我把一切都搞砸了,石二没考上,也没能证明自己。我们全家总动员,最后结果却是这样。我很失败,也很内疚,但我不想让你们伤心。我想让你们知道,你们的儿子很厉害,不比别人差,可是我却没做到……"读着读着,我的视线模糊了。

下午,我回信道:"儿子,石二考试结果不尽如人意,暴露了我们有些方面的不足。首先,这学期你的成绩突飞猛进、遥遥领先,使你的小心脏膨胀起来。其次,你说在考试中有道数学题抄错数字,既费时间又影响情绪。在以后的学习中,这两点我们一定要克服。"最后,我鼓励道:"玉不琢，不成器；人不学，不知道。现在的一切都是一种锤炼，是你成功路上的必然。庆幸吧，年少时让自己经历了挫折，才能经风雨尔后见彩虹的绚烂。我亲爱的儿子，去放手一搏吧，唯有青春与梦想不可辜负。"

给王君昊回信后，我再也没提这事，而是悄悄地给他的班主任发了短信，希望老师帮助开导开导。过了几天后，王君昊在饭桌上对我们说："没考上就没考上，以后我好好学，中考还有机会。""对，还有中考，儿子加油！"我和他爸爸连忙鼓励。

中考结果揭晓，王君昊以全校第一的成绩幸运地被衡水中学录取——这些年儿子和我们的付出得到了回报。

转眼间，王君昊来衡水中学快四个月了。他已经适应了衡中紧张而又忙碌的生活，挥汗奔跑在追求理想的路上。而我也对衡水中学和衡中老师们有了更深入的了解，相信学校和老师们一定能引领孩子们追求卓越、超越自我，我会安心地、默默地做好孩子的坚强后盾。

此时此刻，我唯愿：落在儿子肩上的疲惫，化为他成长的盈盈光辉；老师披星戴月的陪伴，成为他成长的束束光芒；与衡中美丽的遇见，点亮他人生的璀璨星空。

衡中家长育人二三事

(19517班张皓宸家长)

孩子今年顺利地升入了衡水中学，算是家里最大的喜事了，这远比孩子他爸升职加薪更加令人欢欣鼓舞，毕竟对中国的家庭来说，孩子才是最大的希望！作为孩子的家长，我收到了很多艳羡的目光，心中也有些许的得意，那些对"你家孩子真牛啊""能考上衡水中学，那都不是一般的孩子"的回答其实隐隐有些心虚，"孩子挺一般的，只是运气比较好"这话不知道从我嘴里说出了多少遍。但我知道，这些短暂的骄傲和满足不代表什么，一场新的"战役"刚刚开始。

如果你问我衡中家长意味着什么，我会毫不犹豫地回答"辛苦、付出、尊重和相信"。如果你问我衡中的学子是怎样的，我会毫不犹豫地回答"拼搏、充实、努力和自我"。如果你问我，你和你家孩子目前关于衡中生活的记忆是什么，我会回答"是幸福，是成长，是爱的分寸的合理把握"。不信，你看看我们娘俩的日常，每一个小情节都那么小，却都那么温暖。

孩子放月假的某天，从学校出来得比较晚，5点左右的样子。天开始要黑了，出门后我们娘俩就钻进了门口候客的一辆出租车。累积半个月的思念化成一句句琐碎的问询和回答，偶尔夹杂着我们娘俩的打闹。车走走停停，司机又问了几个路边等车的衡中的孩子和家长要不要拼车，人家一见车上已经有人了就没有上车。司机仍不死心，还是走走停停地问。我有些急了，天越来越黑，从南校区回市里住的地方会途经很多堵车点，回家还得洗澡、洗衣服、刷鞋……一堆家务要做，再说还没有吃晚饭，好容易孩子熬到放假了，得好好给孩子补补，吃顿好的。所以我对司机说："师傅，咱们走吧，该多少钱我给你，我们着急吃饭呢。照您这样走走停停的，啥时候到市里啊！"说实话，我的语气当时真的不太好。司机听了还想再辩解几句，觉得多拉一个人就能多挣一些，但看我的态度很坚决，再加上真的没人上车，也妥协了。一路上，我和孩子欢声笑语，聊学习、聊老师、聊同学、聊日常……一小时后，车终于到了，我拿出手机，准备微信扫码付款，孩子却从衣兜里掏出一沓零钱递过去，说："师傅，您真的挺辛苦的，多收一点儿吧。"当时我蒙了，因为孩子在我眼里只是被动地享受我给他的关怀和保护，从没有主动去做点什么。司机听完孩子的话，在我冲他发牢骚后首次发出了笑声，笑呵呵地对孩子说："不用了孩子，看你妈妈多疼你啊。好好学吧，得对得起她。"我的眼睛有些湿润了，赶紧扫了码、付了款，认真地跟司机说了声谢谢后带着孩子下车。我握着孩子的手，像他小的时候一样，却再也没有小时候的感觉，因为这个昔日我呵护备至的小孩儿已经变成了一个大小伙子了。我问他："儿子，你为什么要坚持多给师傅钱？"他笑了，说："妈妈，你没发现吗，这一路司机都没有说话，他肯定是因为没拉上人不开心，换以往，司机早跟咱们聊上了。"我回想了下，还真是，我只顾和孩子欢天喜地了，根本没注意司机师傅。孩子接着说："我多给他点钱，虽然他没收，但最起码也会开心点。"紧接着他昂起头，笑容灿烂地说，"我们老师说智商很重要，但人的情商同样很关键！妈妈，我是不是很厉害？"我的心瞬间温暖了起来，孩子仅仅在衡中待了两个月多一点，就知道换位思考，懂得替别人着想，这比学习名次进步了多少更重要！"儿子，你真棒，比妈妈都强，妈妈没有考虑这么全面！"我真心地表扬了他，因为我知道，我的鼓励和肯定会让他坚持这样做下去，做一个温暖的人，做一个懂得换位思考、有大爱的衡中人！

某天晚上，孩子给我打来电话，照样开头一句"妈妈，最近你过得咋样啊"，然后突然对我说，"妈妈，我当班长了！"我瞬间很惊喜："儿子，你不是从来不喜欢参加班级活动吗，你不是不喜欢麻烦吗，怎么想当班长了呢？"他说："老师问了几遍谁想当班长都没人答应，大家都怕耽误学习，我不怕，也不能一个班没有班长啊。别人不愿意当，我来！"我知道，这个从小喜欢溜边、不喜欢出风头、有些自私和懒惰的小孩在衡中学会了担当！"儿子，妈妈支持你！需要妈妈做什么，你说话，妈妈一定帮你！而且要多向同学学习，遇事多请教老师。儿子，加油，我相信你能做个合格的班长！"我知道，我的支持会让孩子更有信心面对接下来他从没有面临过的责任和挑战，会让他变得更优秀，更像个男子汉！但其实我也想说："儿子，你的学习本来就不咋地，再当班长分一部分精力出去，那咱的学习可咋办啊？"但我还是忍住了，因为适当的承担才能激发孩子的潜能，而优秀生的标准从来不只是学习好！

某次调研考试，孩子退步了200多名。我在鑫考云上看到他的成绩，有些惊讶。晚上孩子给我打电话，张嘴来了一句："妈，我挨揍了！"我明白他说的方言"挨揍"是挨批评的意思，心说该！嘴上却笑着问他："被哪个老师揍的？"他笑着回答："我们班主任！"声音里弥漫着满满的幸福。"该！叫你不好好学习！儿子你应该好好地谢谢你们班主任，他揍你是为了让你长记性，你现在能遇到这样负责任的老师你得多幸福！你得懂他是为你好，得懂感恩知道吗？""当然啦，我跟我们老师好着呢，关系杠杠的。我知道他是为我好，他要是不管我了我才害怕呢。"儿子挨批评还挺自豪！放下电话，我欣慰地笑了，现在有多少学校、多少老师因为教育孩子说句重话就被家长告到教育局，严重的还被孩子家长恐吓甚至拳脚相加。我真不明白，这些家长到底在想什么，难道老师不管你家孩子，让他变废、变浑，当家长的就成功了吗？感恩、明事理是每个人最基本的良知！我的孩子也许学习不优秀，但不代表他不是优秀的孩子，他在用除学习外的优秀骄傲地生长着！

衡中的家长们很辛苦，每次放假都千里迢迢地在家和学校间奔波，尤其像我们这种路途比较远的，遇到雨雪和雾霾天气不知道要多久才能到家！衡中的家长努力着，努力给孩子做好后勤、做好良师益友、做好父母！衡中的家长也在进步着，跟着孩子一起学习、一起成长、一起在优秀的路上越走越远，越走越踏实！

簌簌流年，我用雨露惊醒你

（海航班王一家长）

今天距离高考还有172天，这172天对儿子来说离梦渐近，对我这个母亲来说儿子离家渐远……

从高考倒计时开始，当儿子在高压、高强度的题海中每天争分夺秒、拼命做题时，我这当妈的也同样开始进入倒计时的紧张状态。儿子自从进入高三，每月一次放假，我跟他爸风尘仆仆地奔向衡水与儿子相聚，只为带他出来洗洗澡、解解馋，缓解一下学习压力。张弛有道，方为学习最佳状态。

这次放假，儿子又和我们主动聊起天来，跟我们憧憬起未来，因为他身属海军航空实验班，将来很有可能走飞行员这条路。他说目前物理和数学还存在很高的低错率，因为大意，这次六调把许多简单的题做错了。"粗心对飞行员是一个大忌，一定要精准，要一丝不苟。"听着孩子绘声绘色的描述，我的思绪不禁回到了他刚参加衡中海航生选拔考试的时候。因为刚刚参加完中考，他以为自己初中的文化课还不错，考试时不以为意，走出考场骄傲地说没问题，试题特别容易，肯定能考上。考试成绩公布后，他虽然被录取了，但是排在班级18名，分数低得连他自己都感到意外。我告诉他细节决定成败，往往成功与失败只是一步之遥。"你所谓的粗心在学习阶段是大意，在高考时就是落榜。飞行员的粗心失误往小了说是机毁人亡，往大了说就是有损国威。"作为母亲，我也经常告诉他"合抱之木，生于毫末；九层之台，起于累土；千里之行，始于足下"。在进入高一以后，他通过一次次的月考、一次次的生活磨炼，慢慢悟出凡事不能马虎，凡事不能偷懒，随着逐渐改掉马虎大意的毛病，成绩也慢慢提升上来，渐渐明白优秀是一种习惯。

衡中故事

"妈，你再帮我从这月的生活费里拿200元给小米兄弟寄去。你借我电话用一下，我给他打个电话。"儿子的话打断了我的思绪。小米是儿子高一开始资助的一个山区小学生，儿子从每月的生活费里省出200元寄给小米当生活费。每次放假，小哥俩总能在电话里开心地聊上半天。最后儿子总不忘嘱咐一句"好好努力哈，将来也考海航班"。高中以前儿子吃大餐，各种聚，各种玩，买各种想要的东西，虚荣的他从不关心价格，不懂得珍惜，认为这一切都是父母应该付出的，自己是理所应当得到的。我们说得多了他就嫌烦，觉得父母不懂他，这一切的改变都来自中考结束后我带他参加的一次暑期山区走访。通过走访他才知道还有那么多贫困山区的孩子衣不遮体，吃不饱，穿不暖，连学都上不起。尤其是看到贫困的孤儿小米跟着生病的姑妈生活，可怜的小米想买个新书包都是奢望，儿子回家后就像是变了个人，会主动帮我做家务，也会随手扶起路边散落倒放一地的单车。责任心促使他协助交警疏通交通，心怀感恩走上街头帮山区老乡义卖农产品，这点点滴滴对他是心灵洗涤，一种"慈于心"的教育。

这次放假，老班很快就把六调成绩公布在群里，儿子又迫不及待地跟我分析起来："这是第一次理综合卷，题量大，要求做题既快又准，我还没找到最佳状态呢，下次考一定会好很多……"是的，现在我们母子已经能够顺畅地沟通成绩了。想当初高二下学期儿子刚进实验班的时候，居然听不懂老师在讲什么，跟不上任课老师的节奏，竟然没有自信到第二天就缠着海燕老师要返回海航班。而今天的他自信满满，那个逢山开路、遇水搭桥的小伙子又回来了。他的成长速度远远超过了我们的预期，他的点滴进步和成长离不开各位老师孜孜不倦的教诲，离不开各位老班亲人般的关怀和鼓励。我很庆幸在他成长的路上遇见了这么多可亲可敬的师长们，遇见了这么多志同道合的同学们。说实话，在父母眼里，孩子的成人比成才更为重要！我也告诉儿子："人生就是一次次幸福的相聚，不是在最好的时光遇到了他们，而是因为遇到了他们，你才有了衡中这段最美好的时光。"

有幸看过鲁迅先生的一句话："希望是附丽于存在的，有存在，便有希望，有希望便是光明。"今天妈妈将这句话赠予我最心爱的儿子。每次你走进学校的大门，看着你的背影远去，我驻足很久……我相信通过衡中三年的磨砺，儿子收获的不仅仅是成绩上的优秀，更应该是性格、人品上同样的优秀！仰望险峰只能明白它的高大，而探索险峰却能明白自己的强大。儿子，踮起脚尖吧，拥抱属于你自己的一片蔚蓝！